누구나 쉽게 시작하는

유튜브 연구방법론

YouTube
METHODOLOGY

정익중 | 강희주 | 김재연 | 김지혜

박영story

머리말

디지털 시대의 도래와 함께 연구 방식도 급격히 변화하고 있습니다. 특히 유튜브는 영상 공유를 넘어 현대 사회의 일상이 기록되고, 다양한 담론이 형성 · 확산되는 핵심적인 공간으로 자리 잡았습니다. 전 세계 수십억 명의 사용자가 매일 방대한 양의 콘텐츠를 생산하고 소비하는 이 환경은 연구자들에게도 새로운 연구 기회를 제공하며, 방대한 데이터 속에서 사회적 현상을 탐구할 수 있는 가능성을 열어주고 있습니다.

그러나 유튜브 데이터를 학문적으로 분석하는 것은 결코 단순하지 않습니다. 영상, 음성, 자막, 댓글, 메타데이터 등 다양한 요소가 복합적으로 얽혀 있으며, 이를 효과적으로 다루기 위해서는 연구방법론의 확장과 디지털 환경에 적합한 분석 기법이 필요합니다. 기존의 양적 · 질적연구방법을 적용하는 것은 물론, 디지털 미디어의 특성을 반영하여 새로운 연구 분석 방법을 모색해야 합니다.

이 책은 저자들이 유튜브 연구 과정에서 겪은 시행착오와 고민을 바탕으로 연구자들에게 실질적인 가이드를 제공하기 위해 기획되었습니다. 유튜브 연구를 수행하는 과정에서 마주할 수 있는 도전과 해결 방안을 체계적으로 정리하여, 보다 효과적이고 깊이 있는 연구가 이루어질 수 있도록 돕는 것이 이 책의 가장 큰 목적입니다.

이를 위해 책은 다음과 같이 구성되었습니다.

PART 1에서는 유튜브를 중심으로 한 디지털 환경의 변화와 ChatGPT 등 생성형 AI 신기술이 연구 환경에 미치는 영향을 살펴보고, 전통적인 연구 방법론이 유튜브 연구에 어떻게 확장될 수 있는지 모색합니다.

PART 2에서는 유튜브 데이터를 수집하고 분석하는 방법을 다루며, 유튜브 영상 · 텍스트 · 댓글 분석 연구의 필요성과 주제 선정, 분석 과정에 대한 실질적인 가이드를 제공합니다.

PART 3에서는 유튜브 연구의 가능성과 디지털 기술 융합 연구의 방향을 논의하며, 디지털 환경에서 연구자의 윤리적 책임과 역할을 심층적으로 다룹니다.

이 책에는 유튜브 연구방법론 뿐만 아니라 디지털 환경에서 연구자의 사회적 책임과 윤리는 어떻게 적용될 수 있는지, AI 등 디지털 기술을 활용한 연구에서 유튜브 연구자의 역할은 무엇인지, 연구자가 디지털 과학기술을 어떻게 주체적으로 활용해야 하는지에 대한 논의가 담겼습니다. 이 책을 통해 독자들께서도 이 논의에 함께 참여하는 계기가 되기를 바랍니다.

오늘날 유튜브는 현대 사회를 이해하는 중요한 창(窓)입니다. 이 책은 유튜브 연구의 완결판이 아니라, 유튜브 연구를 수행하는 연구자들에게 유용한 길잡이가 되고, 디지털 시대의 새로운 연구 방법을 탐색하는 출발점이 되기를 바랍니다.

우리는 시행착오를 겪으며 길을 열었고, 연구자로서의 고민과 해결 과정을 공유했습니다. 그러나 이 과정이 끝이 아닙니다. 유튜브 연구는 무한한 가능성을 지닌 분야이며, 앞으로도 더욱 확장될 것입니다. 이 책이 연구자들에게 새로운 연구 질문을 던지는 계기가 되기를 바랍니다. 더 나은 분석 방법을 고민하고, 창의적인 연구를 수행하며, 디지털 시대의 사회적 변화를 탐구하는 데 기여하는 것이 연구자들의 몫입니다.

유튜브 연구는 다양한 접근이 가능한 분야로, 연구자마다 색다른 주제와 방법을 탐색할 수 있습니다. 이 책이 유용한 지침서가 되어 보다 창의적이고 윤리적인 연구가 이루어지기를 바랍니다. 연구자들의 고민과 논의가 더해질 때, 유튜브 연구는 더욱 성숙한 학문적 영역으로 자리 잡을 것입니다.

끝으로, 이 책의 출간을 위해 관심과 지원을 아끼지 않으신 박영스토리 대표님과 편집 및 제작을 위해 수고해주신 관계자 여러분들께도 깊은 감사를 드립니다.

2025년 2월 저자 대표 정익중

목차

PART 03 유튜브 연구의 미래

▸ PART 01

우리는 왜 유튜브를 활용해야 하나?

CHAPTER 01 ▶ ⏭

디지털 환경과 연구 변화

디지털 환경의 급격한 발전은 현대 사회와 연구의 패러다임에 혁신적인 변화를 일으키고 있다. 디지털 환경에서의 방대한 데이터의 축적과 실시간 상호작용은 연구자들에게 다양한 현상을 깊이 탐구할 기회를 제공하고 있으며, 동시에 전통적인 연구 방법에 더해 새로운 연구 방법으로의 확장으로 이어졌다. 이러한 변화는 생성형 AI 기술의 등장, 소셜 미디어 플랫폼의 확산과 디지털 커뮤니케이션에서의 문화적 표현 연구 등을 통해 구체화되고 있다. 그중에서도 유튜브는 디지털 플랫폼 중에서 독보적인 데이터와 연구 가능성을 제공하며, 중요한 연구 도구로 자리 잡고 있다.

생성형 AI 서비스인 ChatGPT의 등장은 우리 사회에 많은 변화를 가져왔다. Open AI사에서 개발한 자연어 생성 모델 기반의 ChatGPT는 2022년 11월 30일 공식 서비스를 시행했는데, 서비스 오픈 시행 후 단 2달 만에 1억 명의 이용자를 돌파하며, 전 세계 사람들에게 큰 반향을 일으켰다. 소셜 미디어인 인스타그램이 이용자 1억 명을 넘기기까지 2년 6개월이란 시간이 소요된 것에 비교하면 놀라운 일이 아닐 수 없다. ChatGPT가 사람들에게 큰 인기를 얻게 된 배경은 어려운 컴퓨터 프로그래밍의 기술을 몰라도 누구나 쉽게 질문을 통해 AI 서비스를 이용할 수 있다는 점이다(이승환, 2023; 한정훈, 2023). ChatGPT와 같은 AI 기술은 인간의 작업 생산성을 높여주는데, 서비스 이용 역시 누구나 손쉽게 가능하기 때문에 개인뿐만 아니라 학교나 기업, 공공기관 등 다양한 영역에서 활용되고 있다(Poushneh, 2021).

우리 사회 전반에 영향을 미치게 된 ChatGPT의 등장은 연구자의 연구 환경까지도 변화를 주었다. 연구자는 문헌 자료 검토 시 ChatGPT로 관련 논문을 요약하거나, 목록으로 정리할 수 있고, 연구 논문이나 연구비 제안서 등 서면 자료를 작성할 때에도 해당 자료의 형식에 맞추어 간편하게 초안 자료를 생성할 수 있다. 그 외에도 ChatGPT로 하루에도 다양하게 쏟아지는 소셜 미디어나 뉴스 기사의 데이터의 패턴을 식별하고 분석하는 데 활용할 수 있고, 외국어 자료의 번역이나 요약 등을 수행하여 연구자가 자료를 쉽게 이해하는 데도 큰 도움을 준다. 기존의 연구자는 연구에 필요한 자료를 검색하고 정리하는 데 많은 노력과 시간이 들었다. 하지만 ChatGPT 활용을 통해 이러한 시간이나 노력을 절약할 수 있게 되었고, 연구자는 인간의 깊은 통찰이 요구되는 분석 또는 창의적인 연구 활동에 집중할 수 있게 되었다(Lund & Wang, 2023).

한편, 유튜브, 페이스북, 인스타그램과 같은 소셜 미디어 플랫폼의 등장은 디지털 커뮤니케이션과 연구방법론에 또 다른 획기적인 변화를 가져왔다. 소셜 미디어는 사용자가 콘텐츠를 생성하고 평가하며 소비하는 주체로 참여하는 사회적 온라인 공간(Levina & Arriaga, 2014)으로 플랫폼에서 사용자 간의 상호작용은 그룹 정체성 형성의 기반이 된다(Boyd & Ellison, 2008; Jenkins, 2006). 소셜 미디어 플랫폼 접근의 편리성은 정보의 신속한 교환을 촉진하고 개인과 그룹 간의 네트워킹을 가능하게 함과 더불어 사회적 · 문화적 교류를 확장시켜 상호작용을 일으킨다. 연구자는 이러한 소셜 미디어를 활용하여 디지털 커뮤니케이션과 사회적 상호작용의 이해, 인간 행동 패턴의 발견, 사용자 경험, 디지털 문화, 커뮤니케이션 패턴 등을 탐구할 수 있는 새로운 기회를 얻게 되었다.

실제 소셜 미디어 내에서의 이모지와 밈 등의 디지털 커뮤니케이션은 독특한 연구 주제로 새롭게 주목받고 있다. 이모지(Emoji)의 경우 얼굴 표정이나 몸짓 등의 감정 표현을 비언어적 신호로 전달하는 도구이다. 이러한 이모지는 텍스트 기반 메시지에 맥락을 더해줌과 동시에 감정 및 의도를 명확하게 전달할 수 있어 소통의 속도와 효율성을 높인다. 이에 이모지를 감정분석에 적용하여 사용자의 감정 상태를 추론하거나 의사소통 패턴을 분석하거나 동일한 이모지가 다른 맥락에서 서로 다른 의미로 해석될 수 있음을 분석하는 '이모지의 다의적 속성 연구' 등이 진행되고 있다. 이와 함께 밈(Meme)은 특정 문화적 정보를 복제하고 전달하며, 인터넷과 소셜 미디어를 통해 텍스트, 이미지, 영상 등의 형태로 빠르게 확산되는 특징이 있다. 최근 연구자들은 밈의 변형과 재해석 과정을 분석함으로써 '밈 바이럴리티'가 지니는 사회적 · 문화적 함의를 탐구하고 있다. 즉, 밈이 유머나 이미지의 반복을 넘어 어떻게 창의적 변형을 통해 확산되며, 특정 커뮤니티에서 공감대를 형성하고, 디지털 문화에서 어떠한 사회적 역할을 수행하는지에 대한 연구가 진행되고 있다.

유튜브는 소셜 미디어 중에서도 독보적인 영향력을 가진 플랫폼으로 디지털 환경 변화 속에서 연구의 가능성을 더욱 확장시키는 수단이 되고 있다. 유튜브는 2005년 등장 이후 전 세계적으로 가장 큰 영상 플랫폼 중 하나로 자리 잡았는데, 현재는 20억 명 이상의 월간 활성 사용자를 보유하고 있다. 우리나라에서도 유튜브 월평균 사용 시간이 1인당 2019년 21시간에서 2024년 현재는 40시간에 이를 정도로 일상생활 속에 깊숙이 스며들었다(홍국기, 2024. 3. 4, YouTube Press, 2024). 유튜브는 사회적 이슈 분석, 비교 문화 연구, 콘텐츠 분석, 여론 동향 평가 등 다양한 학문적 주제를 탐구할 수 있는 데이터를 제공한다. 특히, 유튜브의 알고리즘과 추천 시스템은 디지털 환경에서 정보와 콘텐츠 소비 패턴을 분석하는 데 중요한 단서를 제공하며, 이를 통해 개인과 사회의 상호작용과 심리적 영향을 탐구할 수 있다.

이처럼 유튜브 연구는 단순히 디지털 콘텐츠를 분석하는 것을 넘어, 디지털 플랫폼이 현대 사회에 미치는 사회적, 문화적, 심리적 영향을 심층적으로 이해하는 데 기여한다. 이는 기존의 레거시 미디어 중심 연구에서 벗어나, 디지털 시대에 적합한 새로운 연구 프레임워크를 구축하고 전통적 연구 방법론을 확장하는 데 도움을 준다. 이러한 흐름 속에서 국내외에서 활발한 연구가 진행되고 있다. 디지털 환경과 연구 방법론의 교차점에서 유튜브는 학문적 탐구의 중요한 자원이자 도구로 자리 잡고 있으며, 이를 활용한 연구는 현대 사회의 변화를 분석하고 예측하는 데 핵심적인 역할을 할 것이다.

유튜브는 긍정적인 측면 외에도 허위 정보 확산, 사이버 폭력, 아동 학대 콘텐츠 문제 등 다양한 윤리적 · 사회적 문제를 안고 있기 때문에 이에 대응하기 위한 연구도 필요하다. 그러나 유튜브에는 매분 약 400시간 분량의 영상이 업로드 되며, 이를 모두 시청하려면 하루 분량만으로도 약 66년이 걸리는 방대한 양이므로,(백승구, 2017) 인간의 노력만으로 유튜브에서 발생하는 문제를 모니터링하고 검열하는 것은 불가능하다(강희주, 정익중, 2020; 백민제, 2021). 이 문제를 해결하기 위해서 연구자는 데이터를 기반으로 유튜브 플랫폼이 사회에 미치는 영향을 분석하고, 동시에 디지털 환경의 지속가능한 발전을 위한 기술 활용 방안도 제시해야 한다. 디지털 환경 내 사회안전망을 혁신하는 것은 인간 중심의 지능정보사회 실현을 위한 연구자의 핵심적인 역할이기 때문이다. 급속한 디지털 환경 변화와 방대한 데이터량을 고려했을 때, 새로운 과학적 지식과 기술을 활용해 디지털 환경에서 발생할 수 있는 인권 사각지대를 선제적으로 예측하고, 이를 기반으로 견고한 사회안전망을 구축하는 일이 그 어느 때보다 중요하다(김미옥, 최혜지, 정익중, 민소영, 2017).

유튜브는 영상, 음성, 자막, 댓글, 실시간 방송과 같은 다양한 데이터 유형과 연구 대상을 포함하며, 기존 연구 방식과는 다른 독특한 특성을 가지고 있다. 하지만 아직까지 유튜브를 대상으로 기존의 연구 방법을 어떻게 적용하고 분석할지 체계적으로 정리한 방법론은 아직 부족한 상황이다.

이 지침서는 텍스트와 이미지를 넘어 새로운 연구 지평을 열고 있는 유튜브 연구의 구체적인 방법을 다룬다. 디지털 환경과 연구 변화의 교차점에서 디지털 시대에 맞춘 연구 프레임을 재구성하는 과정을 통해 전통적 연구 방법론을 유연하게 확장해 가는 여정을 시작해보자.

CHAPTER 02 ▶ ⏭

유튜브의 특징과 데이터 활용

1. 유튜브의 특징

2005년 처음 등장한 유튜브는 급격한 성장을 이루어 현재 국내에서는 모바일 플랫폼 사용률 1위를 기록하며 우리 사회에 큰 영향을 미치고 있다.

유튜브가 사회에 미친 영향을 구분해 보면 크게 정보 접근성의 확대와 콘텐츠 제작의 자율화, 커뮤니케이션과 관계 맺기의 변화, 유튜브를 통한 정체성 표현과 공론장의 형성, 경제적 · 문화적 영향, 온 · 오프라인의 경계 변화, 알고리즘에 의한 맞춤형 및 개별화 경험의 여섯 가지로 나눌 수 있다.

1) 정보 접근성의 확대와 콘텐츠 제작의 자율화

유튜브는 누구나 쉽게 정보에 접근할 수 있는 창구가 되었다. 과거에는 정보나 뉴스가 텔레비전, 라디오, 신문과 같은 전통적인 매체를 통해 제한적으로 전달되었지만, 유튜브는 일반 대중도 다양한 주제에 대해 쉽게 접근할 수 있는 플랫폼을 제공한다. 유튜브에서는 전문가뿐만 아니라 일반인도 정보를 공유하며 다양한 관점이 공존하는 플랫폼으로 발전했다. 이로 인해 기존 매체가 제공하지 못했던 다각적인 시각을 통해 대중의 정보 선택권을 넓혀주었다.

특히 제작자의 관점에서 유튜브는 누구나 스마트폰과 같은 간단한 기기만으로 콘텐츠를 제작하고, 이를 전 세계에 손쉽게 배포할 수 있는 기회를 제공한다. 이러한 유튜브 환경은 콘텐츠 제작의 진입 장벽을 낮추고, 여러 유형의 개인이 자신의 목소리를 낼 수 있게 한다.

2) 커뮤니케이션과 관계 맺기의 변화

유튜브는 사람들 간의 커뮤니케이션 방식과 관계 맺기에 중요한 변화를 일으켰다. 과거의 TV나 라디오 같은 매체는 일방적인 정보 전달이 주를 이루었다면, 유튜브는 시청자와 크리에이터가 실시간으로 소통할 수 있는 공간을 제공한다. 특히 1인 크리에이터와 시청자 간의 정서적 연결이 강화되며, 시청자는 특정 크리에이터와 긴밀한 관계를 맺고 그들의 취향과 생활 방식에 영향을 받는다. 이러한 상호작용은 실시간 라이브 방송과 댓글을 통한 소통으로도 이어진다. 시청자는 자신이 본 영상에 대해 의견과 반응을 남기고, 다른 시청자나 크리에이터와 의견을 교환하며 자신의 성격과 생각을 드러낼 수 있다. 이 과정에서 시청자와 크리에이터 간의 유대감이 강화되고, 커뮤니티가 형성될 수 있다.

크리에이터는 시청자의 댓글과 반응을 기반으로 새로운 콘텐츠를 생성하거나 기존의 콘텐츠를 확장 · 발전시킬 수 있다. 유튜브는 이러한 쌍방향 커뮤니케이션을 통해 단순한 정보 전달 매체를 넘어 사람들 간의 상호작용을 촉진하는 플랫폼의 기능도 하게 되었다.

3) 유튜브를 통한 정체성 표현과 공론장의 형성

유튜브는 자신을 표현하고 정체성을 형성하는 중요한 수단이 되기도 한다. 유튜브는 누구나 자유롭게 영상을 제작하고 게시할 수 있는 공간을 제공하며, 이를 통해 사람들은 자신의 관심사, 가치관, 생활 방식을 드러내고, 다른 사람들과 소통할 수 있기 때문이다.

예를 들어, 취미를 공유하는 영상 채널을 운영하면서 개성과 취향을 반영한 콘텐츠를 제작하고, 이를 통해 정체성을 드러내며, 같은 관심사를 가진 사람들과 연결되어 자신만의 커뮤니티를 형성할 수 있다. 영상 자체뿐만 아니라 유튜브의 댓글 기능과 커뮤니티 게시판을 통해 자신의 생각과 의견을 드러내며, 다른 사람들의 반응을 통해 정체성을 더욱 공고히 하게 된다.

크리에이터로서 활동하는 사람들은 자신의 콘텐츠를 통해 특정한 메시지나 사회적 가치를 전달하면서, 사회적 공론장을 형성하는 역할도 한다. 사회적 이슈나 정치적 주제에 대해 영상을 제작하는 크리에이터들은 자신만의 의견을 적극적으로 표현하고, 이를 시청자와 공유하며 공론의 장을 마련한다. 시청자들은 콘텐츠에 댓글을 달고, 자신의 의견을 표명하며, 때로는 토론을 벌이기도 하는데, 이 과정에서 온라인상에서 새로운 담론이 형성되고, 기존 미디어에서 다루지 못했던 목소리들이 유튜브라는 플랫폼을 통해 더 확산된다.

이처럼 유튜브 플랫폼 내에서의 정체성 형성 과정은 단순히 개인적인 차원에서 끝나는 것이 아니라, 사회적 상호작용을 통해 공론의 장이 만들어지고 그 안에서 다양한 의견과 가치관이 충돌하고 조화되는 경험을 형성한다.

4) 경제적 · 문화적 영향

유튜브는 경제적 · 문화적 측면에서도 영향을 미친다. 유튜브를 통해 수익을 창출할 수 있는 환경이 마련되면서, 유튜버라는 새로운 직업군이 등장하였고 이는 디지털 경제의 다양성을 확대하는 데 기여하고 있다. 또한, 유튜브는 전통적인 노동 시장에 새로운 기회를 제공하며, 광고 수익이나 협찬, 구독 서비스 등 다양한 방식으로 크리에이터들이 수익을 창출할 수 있는 구조를 형성했다.

문화적으로도 유튜브는 전 세계의 다양한 콘텐츠를 쉽게 공유하고 소비할 수 있는 공간을 제공하고 있다. 이로 인해 국경을 넘은 글로벌 문화 교류가 활발해지고, 특정 국가나 지역의 문화가 다른 곳으로 퍼지며 혼합 문화를 형성하기도 한다.

5) 온·오프라인의 경계변화

사람들의 온·오프라인 경계가 흐려지면서, 디지털 공간은 현실의 연장선이자 중요한 삶의 무대가 되고 있다. 반면에 온 · 오프라인 경계의 모호성은 일과 사생활, 개인과 사회 간의 경계를 희미하게 만들고 있다.

유튜브 크리에이터들은 자신의 일상과 업무를 결합한 콘텐츠를 제작하며, 사적인 공간이 공적인 무대로 전환되는 경험을 하게 된다. 이러한 변화는 더 많은 자유와 유연성을 제공하는 동시에, 끊임없는 연결성으로 인한 피로감과 스트레스, 일과 사생활의 균형 문제를 야기할 수 있다.

6) 알고리즘에 의한 맞춤형 및 개별화 경험

유튜브의 추천 알고리즘은 콘텐츠 소비에 큰 영향을 미친다. 유튜브는 사용자들의 시청 기록, 댓글, 좋아요 등 다양한 데이터를 바탕으로 개인화된 추천 콘텐츠를 제공한다. 알고리즘을 통해 사용자는 자신이 관심 있는 주제를 쉽게 발견할 수 있으며, 이는 맞춤형 미디어 소비를 가능하게 만든다. 사용자 맞춤형 경험은 유튜브의 핵심 장점 중 하나로, 기존의 방송 미디어가 제공하지 못했던 맞춤형 경험을 제공한다.

이러한 기능은 사용자가 더 오래 유튜브에 머무르게 하는 효과를 가져오고, 사용자가 관심 있는 분야에 더 집중할 수 있는 기회를 준다. 또한, 사용자가 콘텐츠 탐색에 소요되는 시간을 줄여 줄 뿐만 아니라 사용자 경험을 향상시킨다.

2. 유튜브 데이터 특징과 활용의 장점

여러 국가에서 수억 명의 사용자가 접속하는 유튜브는 개인뿐만 아닌 기업, 기관 등에서도 자신의 메시지를 전달하고 소통하는 중요한 창구로서의 역할을 하고 있다. 이번 장에서는 연구로 활용할 수 있는 유튜브 데이터를 살펴보고, 이를 활용함으로써 얻을 수 있는 장점을 알아보도록 하겠다.

1) 유튜브 데이터 종류

유튜브에서는 많은 데이터를 제공하고 있으므로, 연구자는 필요한 연구 주제에 맞추어 필요한 데이터를 혼합하여 활용할 수 있다. 유튜브를 활용한 연구를 수행할 때 이용 가능한 데이터의 종류를 파악하고 필요한 데이터를 선별하는 것이 무엇보다 중요하다.

(1) 영상 콘텐츠

세계 최대 동영상 플랫폼인 유튜브에서 영상 콘텐츠는 연구로써 활용할 수 있는 가장 핵심적인 자료 그 자체라고 말할 수 있을 것이다. 영상 콘텐츠는 시각적, 청각적인 요소가 함께 결합되어 있고 영상을 제작하거나 창작하는 유튜버들이 이야기하고자 하는 주제나 메시지를 전달하는 데 매우 효과적인 매체기도 하다.

영상 콘텐츠를 활용한 연구 방법 역시 다양하게 나누어볼 수 있다. 주로 영상 콘텐츠별로 다루는 주제에 따라 나누어볼 수도 있고, 동영상을 제작하거나 출연하는 사람들의 발화나 자막 등을 분석해 볼 수 있다. 또한 함께 나오는 배경, 이미지 등의 시각적 자료들도 분석 자료로 활용할 수 있다. 그 외에도 일상을 담는 브이로그나, 먹방 콘텐츠, 정보성 콘텐츠와 같은 영상의 형식을 고려하거나, 영상 내의 연출 방식 역시 연구 자료로 활용할 수 있다.

유튜브의 경우 동영상 콘텐츠의 경우 '롱폼(Long-form)' 콘텐츠라고 지칭하고, 짧은 영상들은 Shorts 영상으로 구분하여 '숏폼(Short-form)'이라는 형식의 동영상을 업로드 하도록 구분하고 있다. 영상을 제작하는 유튜버들은 기존 동영상을 짧게 편집해 Shorts 영상으로 재업로드할 뿐만 아니라, 짧은 영상 형식에 맞춘 새로운 Shorts 콘텐츠를 제작하기도 한다. 이처럼 영상 안에서의 분석 외에도 영상 형태에 따라서도 구분하여 연구 자료로 함께 활용할 수 있다.

(2) 채널과 영상에 대한 반응

유튜브에서는 영상에 대한 조회수나 좋아요, 싫어요, 댓글 수, 구독자 수 등의 자료를 제공하고 있다. 이러한 자료들은 영상이나 유튜브를 업로드 하는 채널 등에 대한 반응을 파악하는 데 중요한 자료가 될 수 있다 예를 들어, 조회수는 해당 콘텐츠가 얼마나 많은 사람들이 시청했는지를 보여주며, '좋아요'와 '싫어요' 같은 반응 자료는 해당 영상에 대해서 긍정적 또는 부정적인 반응을 했는지를 간접적으로 나타낸다. 댓글 수는 해당 영상을 보고 있는 사람들이 얼마나 적극적으로 콘텐츠에 반응하는지를 알 수 있다.

구독자 수의 경우 해당 채널이 얼마나 지속적으로 성장하고 있는지, 관련 주제에 대해서 해당 채널이 얼마나 대중들이 신뢰하고 있는지를 보여준다. 구독자 수가 많은 채널의 경우 기업 등과의 콜라보 등을 통해 광고 협업을 하기도 하며, 구독자 수가 적은 채널 제작에 있어 모티브가 되기도 한다. 연구자들은 이러한 채널을 통해 관심 있는 연구 주제에 대한 트렌드를 쉽게 파악할 수 있는 지표로도 활용할 수 있다.

이처럼 채널과 영상에 대한 반응 자료들 역시 연구자가 특정 주제에 대한 대중의 관심도나 반응을 시간에 따라 비교하고 분석하는 데 유용할 수 있다.

(3) 댓글

유튜브에서 댓글은 가장 중요한 상호작용 공간 중 하나로, 시청자의 직접적인 의견이 담긴다. 댓글을 통해 유튜버와 시청자 간의 상호작용을 확인할 수 있으며, 시청자들이 콘텐츠에 대해 어떤 반응을 보였는지, 내용 분석을 통해 구체적인 생각이나 감정을 파악할 수 있다. 특히 유튜브의 댓글 기능은 답글을 달 수 있는 형식으로 되어 있어, 영상 제작자와 시청자, 시청자 간에 소통이 이루어지거나 다양한 의견이 교환되기도 한다.

또한, 각 댓글에 대한 '좋아요' 수가 제공되어 이를 통해 간접적인 소통 방식도 확인할 수 있다. 유튜브에서는 댓글을 '최신순'뿐만 아니라 좋아요 수를 반영한 '인기순'으로 정렬할 수 있으며, 일정 시간으로 예약하여 스트리밍한 영상의 경우에는 최초 업로드 당시 댓글이 달린 '시간 순'으로도 정렬이 가능하다.

영상 제작자는 댓글 맨 윗 상단에 고정하는 고정 댓글 방식을 통해 보다 심도 깊은 상호작용을 한다. 고정 댓글을 통해 제작자는 영상으로는 전하지 못한 메시지를 전하거나, 중요하다고 생각되는 메시지를 담은 댓글을 고정한다. 하지만 '고정 댓글 해주세요'와 같은 댓글을 단순하게 고정하는 형식도 있다. 고정 댓글은 영상 분석의 직접적인 자료로서의 활용 외에도 해당 영상에 대한 콘텐츠 형식을 쉽게 파악할 수 있는 도구가 되기도 한다.

또한, 댓글은 영상 형식에 따라 관련 영상을 보는 의견이 어떻게 이루어지는지 살펴볼 수 있을 뿐만 아니라 어떻게 변화되는지 등을 추적할 수 있고 댓글의 빈도와 내용을 분석함으로써 특정한 주제에 대한 대중 및 사람들의 관심도나 참여도 등을 함께 파악할 수 있다.

(4) 채널 정보와 콘텐츠 업로드 패턴

특정 유튜브 채널의 정보와 영상 콘텐츠를 어떻게 업로드 하는지에 대한 패턴도 중요한 연구 자료가 될 수 있다. 해당 채널의 구독자 수는 관련 주제에 대한 추세를 확인하는 데 주요한 역할을 하고 채널 내의 업로드 빈도, 채널 설명, 주요 주제와 같은 자료들은 채널의 특성과 성격을 파악하는 데 중요한 요소가 된다. 채널이 지속적으로 어떤 주제를 다루는지, 그 주제에 따라 시청자 반응이 어떻게 변화했는지도 살펴볼 수 있으며, 시간에 따라 콘텐츠가 어떻게 변화했는지 살펴봄으로써, 채널이 어떤 전략을 사용하여 구독자를 유지하거나 증가시키는지도 분석할 수 있다. 특히 특정 사회적인 이슈나 트렌드를 다루는 채널의 경우, 이슈에 대한 관심이 어떻게 변하는지, 채널이 그에 맞춰 어떻게 대응했는지에 대해서도 연구할 수 있다.

(5) 설명란과 해시태그

유튜브 내의 동영상 설명란을 살펴보면 해당 영상에 대한 설명과 해시태그를 살펴볼 수 있는데 이는 동영상을 제작하는 유튜버가 직접적으로 제공하는 추가적인 정보와 관련 키워드이다. 설명란에는 영상의 주제에 대한 자세한 설명과 더불어 참고 링크, 후원 정보나 사용한 음악 같은 저작권 내용이나 제작자의 메시지가 포함될 수 있다. 연구자는 설명란을 분석함으로써 영상이 제공하는 추가 정보나 제작자의 의도를 보다 명확히 이해할 수 있다.

해시태그의 경우 해당 영상이 어떤 주제와 관련이 있는지를 유튜버의 의도를 반영한다. 해시태그를 통해서는 해당 영상에 대한 특정 주제를 파악할 수 있으며, 연구자는 주제와 관련된 다른 콘텐츠들을 연결해서 그 주제가 유튜브 전반에서 어떻게 다루어지는지를 분석할 수 있다. 다만, 간혹 주제가 아님에도 불구하고, 유튜버는 채널의 성장과 보다 많은 시청자에게 영상이 유입될 수 있도록 비슷한 주제의 검색어가 많은 해시태그를 입력하는 경우도 있으니 연구자는 관련 내용을 신중하게 살펴볼 필요가 있다.

(6) 라이브 스트리밍 동영상 및 실시간 채팅

유튜브는 라이브 스트리밍 동영상 기능을 제공하고 있다. 라이브 방송이 진행되는 동안의 실시간 채팅은 시청자들이 즉각적으로 반응을 보이는 공간으로, 시청자들은 실시간 채팅을 통해 질문을 하거나 자신의 생각을 표현한다. 연구자는 이러한 상호작용을 통해 실시간 반응을 분석할 수 있다. 실시간 채팅에서는 시청자들이 특정 이슈나 주제에 대해 어떤 생각을 가지고 있는지, 그들이 어떤 질문을 하고 의견을 교환하는지 알 수 있다. 실시간 반응은 시간의 흐름에 따라 상호작용이 어떻게 변화하는지를 추적할 수 있는 중요한 자료가 된다.

라이브 스트리밍 동영상은 해당 라이브 방송이 끝나더라도 채널 유튜버의 선택에 따라 채널 내에 저장이 가능하다. 저장된 동영상은 각 채널 내의 라이브 탭을 통해 확인할 수 있다. 실시간 채팅 역시 라이브 스트리밍 동영상과 함께 저장되며, 설정 시 방송이 진행된 시간 순에 따라 확인할 수 있다.

(7) 커뮤니티 탭의 게시글과 댓글

유튜브의 커뮤니티 탭은 채널 운영자가 시청자 및 구독자와 더 직접적으로 소통할 수 있는 공간이다. 이러한 커뮤니티 탭은 과거에는 구독자 수가 500명 이상인 채널만 사용할 수 있었지만 현재는 구독자가 적은 채널에서도 활성화되어 있다.

채널 운영자인 유튜버는 커뮤니티 탭을 통해 텍스트 게시물, 이미지나 설문조사 등을 올릴 수 있다. 연구자는 이를 통해 해당 채널이 구독자들과 어떻게 상호작용하는지에 대한 방식 등을 연구할 수 있다. 또한, 설문조사 기능 등을 통해 구독자들이 어떤 콘텐츠를 선호하는지, 또는 그들이 어떤 주제에 관심이 있는지에 대해서도 구체적으로 파악할 수 있다. 이와 더불어 커뮤니티 탭에 올라오는 댓글과 반응들 역시 앞선 데이터들과 마찬가지로 해당 채널의 시청자 및 구독자들이 이러한 주제에 대해 어떻게 느끼고 생각하는지에 대한 데이터로 활용할 수 있다.

커뮤니티 탭 기능 예시

출처: ‘위라클 WERACLE’ 유튜브 채널

2) 유튜브 데이터 활용의 장점

앞서 살펴보았듯이 유튜브 안에서는 다양한 데이터를 제공하고 있다. 유튜브 데이터를 활용할 경우의 장점은 다음과 같다.

(1) 손쉬운 데이터 접근성과 방대한 자료 획득의 가능성

유튜브는 세계 최대의 동영상 플랫폼으로 여러 주제와 형식의 영상이 매일 새롭게 업로드되고 있다. 이는 연구자가 관심 있는 주제에 대한 방대한 양의 데이터 자료를 유튜브를 통해 손쉽게 접근할 수 있음을 뜻한다. 즉, 유튜브 자료로 다양한 연령대, 문화나 사회적 배경을 가진 사람들을 접할 수 있고 그 외에도 관심 있는 특정된 주제에 대한 사용자의 데이터도 쉽게 수집할 수 있다. 이러한 손쉬운 데이터 접근성과 방대한 자료의 획득 가능성은 필요한 연구 주제를 선정하는 데 있어서도 좋은 지표가 될 수 있다.

(2) 다양한 기능과 분석 방법으로의 확장 가능성

유튜브는 영상 콘텐츠를 중심으로 제공되는 플랫폼으로 영상의 시각적 · 청각적 정보를 모두 포함하기에 복합적인 분석이 가능하다. 연구자는 단순한 언어적 표현뿐만 아니라, 영상의 시각적 구성, 배경음악, 편집 기법 등을 통해 메시지의 전달 방식과 그 효과를 보다 심층적으로 분석할 수 있다.

유튜브는 단순한 동영상 업로드 기능 외에도 영상에 대한 댓글이나, '좋아요', '싫어요', 구독과 같이 영상을 시청하는 시청자들의 반응과 관련한 데이터를 제공하고 있고, 그 외에도 커뮤니티 등의 탭을 활용하여 시청자와 유튜브 제작자 간의 다양한 상호작용 데이터를 제공하고 있다. 이러한 기능들은 채널 및 영상에 대한 시청자들의 직접적인 의견을 분석하고, 이에 대한 반응을 질적 · 양적으로 파악하는 데 매우 유용한 역할을 한다.

이와 더불어 실시간 스트리밍 기능 등을 활용하여 실시간으로 시청자들의 반응을 분석할 수 있다. 라이브 방송 중 채팅이나 실시간 반응 데이터를 통해 즉각적인 피드백을 수집할 수 있으며, 시청자들이 특정 사건이나 이슈에 대해 실시간으로 어떻게 반응하는지 연구할 수 있다. 이에 연구자는 유튜브에서 제공되는 다양한 기능들을 활용하여 필요한 분석 데이터를 적절히 혼합하여 여러 분석 방법으로 활용할 수 있다는 점에 큰 장점이 있다.

(3) 데이터 수집의 시공간적 자유로움

유튜브는 인터넷을 통해 어디서나 접근가능한 글로벌 플랫폼이다. 연구자는 시간과 장소에 구애받지 않고 언제 어디서든 데이터를 수집할 수 있다. 또한, 데이터들은 URL을 통해 특정 지역이나 문화권에 한정되지 않고, 글로벌한 데이터를 수집할 수 있는 장점이 있다. 그 외에도 설정 등의 기능을 활용하여 간단한 클릭만으로 지역 등을 변경하여, 해당 국가에서는 어떠한 정보들이 제공이 되고 이슈화 되고 있는지 손쉽게 파악할 수 있다.

(4) 삼각검증(Triangulation)의 가능성

유튜브 데이터는 광범위한 삼각검증을 가능하게 하여 유튜브에서 발생하고 있는 다양한 현상을 보다 역동적으로 분석할 수 있게 해준다. 비정형 댓글에 대한 텍스트마이닝 분석을 수행하고, 이를 영상 내용, 조회수, 영상에 대한 '좋아요', 이모지 등의 반응과 같이 직관적으로 파악할 수 있는 정보와 결합함으로써 보다 심층적인 통찰을 얻을 수 있다(Zachlod et al, 2022).

유튜브 데이터 활용의 장점으로 인해 유튜브와 관련된 다양한 연구가 이루어지고 있다. 최근 국내에서 수행된 유튜브 연구는 다음과 같다.

▶ 유튜브를 활용한 국내 연구

⋆ 유튜브 출연아동 권리침해 현황 분석

강희주, 정익중. (2020). 아동 출연 유튜브에 나타난 아동학대 현황

강희주, 유안나, 김재연, 정익중. (2021). 유튜브 출연 아동의 놀이권 보장 현황

강희주. (2023). 디지털 환경 내 아동학대 발견을 위한 알고리즘 개발

⋆ 장애 인식 분석

김지혜. (2024). 중도 시각장애인의 유튜브 동영상에 나타난 장애수용과 장애개방 경험

김지혜, 정익중, 김재연. (2024). 시각장애인의 장애수용에 관한 질적연구: 유튜브 동영상을 중심으로

⋆ 시청 요인 분석

류지영. (2023). 유튜브 네이티브 광고효과에 영향을 미치는 요인에 관한 연구 : 시청동기와 유튜브 인플루언서의 콘텐츠 적합성을 중심으로

정채령, 가정혜. (2022). 여행 유튜브 콘텐츠 속성이 이용자의 정보 만족, 관광지 태도와 방문 의도에 미치는 영향

⋆ 여론 트렌드 분석

강은경 외. (2022). 유튜브 데이터를 활용한 20대 대선 여론 분석

김경식. (2023). 유튜브 빅데이터를 활용한 아웃도어스포츠 트렌드 분석

★ 사회적 상호작용 분석

권상미. (2023). 소셜 미디어 상에서의 통역사에 대한 인식과 통역 콘텐츠 분석: 유튜브의 비정형 데이터를 이용한 텍스트 마이닝 분석과 질적 사례연구

나은영, 유영림. (2023). 다문화가정 여성과 자녀의 유튜브에 대한 인식 및 활용 경험에 대한 이해: 생애사 이야기식 접근으로

박변갑. (2023). 'AI이미지' 담론에 대한 질적 연구–유튜브 동영상 댓글의 비판적 담론 분석을 중심으로

윤민우. (2024). 북한의 인지전으로서 유튜브 사이버 프로파간다 내러티브 분석: 내러티브 구성적 접근분석기법을 적용하여

이윤경. (2023). 국립현대무용단에 관한 유튜브 콘텐츠 댓글 분석

정정숙, 조원일. (2021). 유튜브(YouTube)에 나타난 성인 ADHD 당사자의 인식 분석– Mad Studies 관점을 중심으로

최민영 외. (2024). 유튜브를 활용한 정당 및 국회의원의 선거 캠페인 연구: 2024년 제22대 국회의원 총선을 중심으로

3) 유튜브 콘텐츠를 활용한 질적연구 가능성

유튜브는 동영상 플랫폼을 넘어 다양한 사회적 · 문화적 현상을 반영하는 풍부한 데이터 소스(data source)로, 연구자들에게 실시간으로 사회적 상호작용과 커뮤니케이션 패턴을 탐색할 수 있는 기회를 제공한다. 특히, 유튜브는 유튜브 크리에이터, 시청자, 그리고 이들 간의 상호작용을 통해 형성되는 복잡한 사회적 맥락을 탐구할 수 있는 독특한 장점을 지닌다.

질적연구는 이러한 맥락에서 강력한 도구가 된다. 질적연구는 현상의 질적 속성에 주목하며, 통계적 분석 대신 심층인터뷰, 관찰, 기록물, 문서, 사진과 같은 비통계적 자료를 분석하여 현상의 본질을 탐구한다. 이는 연구자가 사회현상이나 문제를 객관적으로 바라보는 것이 아니라, 현상을 경험한 개인이나 집단의 관점에서 이해하려는 접근법이다. 이러한 접근은 유튜브에서 발생하는 사회적 현상을 연구하는 데 매우 적합하다. 특히, 유튜브의 방대한 데이터는 질적연구가 중요하게 여기는 "아래로부터의 관점(Bottom–up)"에서 사회현상과 정책적 대안을 모색할 수 있는 새로운 기회를 제공한다.

▸ PART 02

유튜브 데이터 연구방법

CHAPTER 03 ▶ ⏭

유튜브 데이터의 자료 수집

PART 01에서는 다양한 디지털 환경의 변화와 유튜브에서 연구를 수행할 때의 활용 가능한 데이터 종류와 특징 등을 설명하였다. 매일 새롭게 업데이트 되는 영상들과 다양한 기능들이 있는 유튜브라는 공간은 관심 있고, 알고자 하는 연구를 수행하기에 충분한 공간이자 매혹적인 데이터가 넘쳐나는 곳임이 틀림없다.

그러나 유튜브는 "오늘도 알 수 없는 유튜브 알고리즘이 나를 이 영상으로 이끌었다"라는 인터넷 밈이 유행하기도 할 정도로 유튜브 알고리즘에 따라 사용자에 맞춘 영상 자료들을 제공한다. 이러한 기능은 유튜브를 사용하는 사용자에게는 필요한 영상들을 검색하지 않더라도 나에게 맞는 영상들을 끊임없이 제공하는 유익한 역할을 한다. 다만 연구자에게는 이러한 알고리즘 기능으로 인해 유튜브를 통해 얻은 자료들의 객관성을 어떻게 담보할 수 있을 것인가라는 새로운 벽을 마주하게 된다.

이에 PART 02에서는 유튜브를 활용한 연구를 시작하기에 앞서 필요한 연구 데이터 선정에 있어 객관성을 담보하기 위해서 활용할 수 있는 방법을 공유하고자 한다.

1. 채널 선정 방법

먼저, 유튜브 데이터 선정에 앞서 연구 데이터로 활용할 수 있는 채널을 선정하는 것이 필요하다.

연구자들은 연구 분야나 유튜브를 활용하여 진행하고 싶은 연구들에 따라 왜 채널을 먼저 선정해야 하는지 궁금증이 들 것이다. 일부 연구자들은 유튜버 채널이 아닌 개별 영상에만 관심이 있다고 생각할 수도 있다. 하지만 이런 연구자들에게도 채널을 먼저 선정할 것을 추천하는 이유는 다음과 같다.

가장 큰 이유는 유튜브는 영상을 업로드 한 유저의 채널이라는 공간을 기준으로 운영되기 때문이다. 연구자는 연구하고자 하는 모집단의 특성을 이해하고 이에 맞는 적합한 방법을 선택할 필요가 있으며, 이는 기존 연구 방법에 활용하는 대표성 있는 표본 선택 방법과 유사하다. 인터넷 카페와 같은 인터넷 커뮤니티의 경우 게시판이 있고 사용자들은 해당 게시판에 관련 게시물을 등록하게 된다. 이러한 경우에는 연구하고자 하는 모집단, 즉 인터넷 커뮤니티의 특성을 고려하여 각 게시판을 기준으로 하거나 관련 주제들을 검색한 게시글을 기준으로 연구 대상을 선정하는 방법이 적절하다. 하지만 유튜브에서 영상이나 커뮤니티 게시글과 같은 자료들을 업로드하기 위해서는 해당 작성자, 즉 유튜버라고 불리는 이들의 채널을 통해서만 업로드할 수 있다. 이에 연구자가 연구하고자 하는 유튜브의 주제에 대한 표본을 설정하기 위해서는 이러한 유튜브의 특성을 고려하여 채널을 먼저 선정하는 것이 적절하다.

다른 한 가지의 이유는 유튜브가 영상 플랫폼이라는 특성을 지니고 있어, 영상 자료 자체가 방대하기 때문이다. 이에 수집된 연구 자료들이 어떠한 기준으로 선정되었는지 논문이나 보고서에서 명확하게 제시하기 위해서는 채널을 먼저 선정한 후 그 안의 영상 자료들을 선정하는 순서가 연구자로서 선택할 수 있는 현실적인 전략이다. 실제로 채널 선정 과정을 생략하고 영상만을 먼저 선정하는 방법으로는 유튜브 알고리즘이라는 거대한 장벽을 넘어서기 어려울 것이다.

Chapter 03에서는 채널 선정에서 활용할 수 있는 몇 가지 방법을 소개하고자 한다. 유튜브를 활용한 연구를 하고자 하는 대상이나 상황에 맞추어 필요한 방법을 선택하여 활용할 수 있다. 자료를 수집하는 과정에서는 무엇보다도 자신의 연구 목적에 적합한 선정 기준을 설정하고 발전시키는 것이 가장 중요하다.

1) 연구의 주제와 키워드가 명확할 때: 유튜브 검색 필터 활용

유튜브 알고리즘은 유튜브 메인 홈 접속 시 및 사용자가 관심 있는 주제를 검색할 때에도 작동하여 관련 콘텐츠를 추천한다. 자신의 연구 주제가 명확하여 관련 키워드 검색 시 활용할 수 있는 수단이 '유튜브 검색 필터' 기능이다. 검색 필터 기능은 주제를 선정하기 전에 연구자가 활용 가능한 데이터를 파악하는 데 유용하다.

유튜브 검색 필터 기능은 자주 사용하는 논문 검색 관련 사이트의 상세 검색 기능과 유사하다고 생각하면 된다. 하지만 유튜브는 이러한 기능의 존재를 명시적으로 알리지 않는다. 실제 유튜브 메인 홈에서는 해당 기능을 확인할 수 없기 때문이다. 유튜브 홈페이지에서 검색한 후에야 비로소 검색 필터 기능을 찾아볼 수 있다.

검색 필터 사용법

1 검색 필터 기능 확인

먼저, 유튜브 메인 홈에 접속하여 관심 있는 키워드를 검색하고 검색(돋보기) 버튼을 누른다.

검색 결과가 뜨면 우측 하단에서 필터 버튼을 확인할 수 있다.

일반 컴퓨터에서의 검색 필터(검색창 우측 하단 위치)

태블릿 PC나 스마트폰 등 휴대용 기기에서는 검색창 우측의 ⋮의 아이콘을 클릭하면 확인할 수 있다. 태블릿 PC에서는 ⋮를 클릭하면 고객센터 버튼과 같이 마찬가지로 우측 하단에 검색 필터 버튼이 뜨고, 스마트폰 등에서는 화면의 하단에서 검색 필터 버튼을 확인할 수 있다.

태블릿 PC에서의 검색 필터 (우측 상단에 위치)

스마트폰에서의 검색 필터 (화면 하단에 위치)

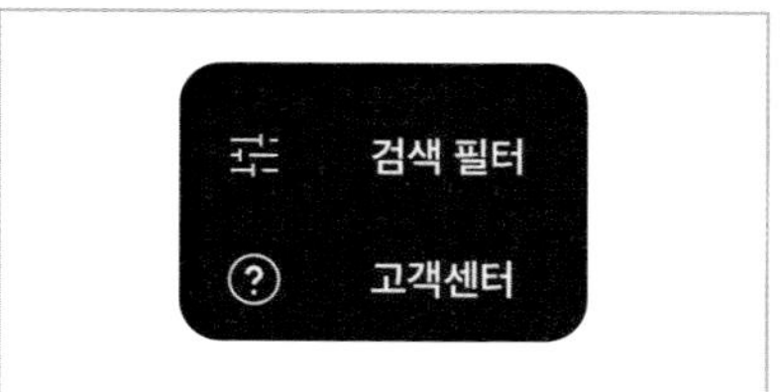

어떠한 기기로 접속했느냐에 따라 기능 버튼이 상이하기 때문에 본문에서는 일반 컴퓨터에서 유튜브 사이트를 통해 접속했을 때를 기준으로 설명한다. 유튜브에서 연구 데이터로 필요한 자료들을 활용할 수 있을지 알아볼 때에는 연구자가 사용하기 편한 기기를 활용해도 좋지만, 연구 주제가 명확해지고 데이터로 선정하는 과정이라면 일반 컴퓨터 사용을 추천한다.

2 채널로 필터링하기

검색 필터를 클릭하면 업로드 날짜 및 구분, 영상 길이 등 다양한 기능들을 확인할 수 있다. 각자의 연구 주제에 맞추어 필요한 기능을 사용가능하지만, 앞서 설명한 바와 같이 필요한 연구 데이터를 얻기 위해서 채널로 필터링한다.

검색 필터에서 제공되는 '구분' 옵션 중 '채널'을 클릭한다.

검색 필터

업로드 날짜	구분	길이	기능별	정렬기준
지난 1시간	동영상	4분 미만	라이브	관련성
오늘	채널	4~20분	4K	업로드 날짜
이번 주	재생목록	20분 초과	HD	조회수
이번 달	영화		자막	평점
올해			크리에이티브 커먼즈	
			360°	
			VR180	
			3D	
			HDR	
			위치	
			구입한 항목	

채널을 클릭하면 검색한 키워드와 연관된 채널 목록이 표시된다.

다시 필터 버튼을 클릭하면 구분과 정렬기준만 활성화된 것을 확인할 수 있다.

검색 필터

업로드 날짜	구분	길이	기능별	정렬기준
지난 1시간	동영상	4분 미만	라이브	관련성
오늘	채널 ×	4~20분	4K	업로드 날짜
이번 주	재생목록	20분 초과	HD	조회수
이번 달	영화		자막	평점
올해			크리에이티브 커먼즈	
			360°	
			VR180	
			3D	
			HDR	
			위치	
			구입한 항목	

검색 필터 내 옵션 중 정렬기준은 '관련성'으로 한다. 그 이유는 저자의 경험한 바 업로드 날짜나 조회수, 평점은 이에 맞는 채널 순서를 제시하지 못했기 때문이다. 다만 관련성의 경우 앞서 채널 버튼을 선택하면 기본으로 설정되어 있으므로 별도의 버튼을 누르지 않아도 된다.

Tip 논문 등에서 제시하는 방법

유튜브 검색 필터 기능을 활용했다면, 이를 논문 등에서는 활용한 사항에 대해서 명확히 명시하는 것이 필요하다. 이때에는 검색한 키워드도 함께 제시해야 한다.

유튜브 검색 필터 활용한 논문

본 연구의 자료 수집을 위해 2023년 3월~4월 중 유튜브 검색창에 '시각장애' 또는 '시각장애 유튜버'로 검색하였고, 2차로 '후천적', '중도' 등의 단어를 단독 또는 조합해 검색하였다. 각 검색에서는 유튜브 검색 필터 기능 내 '채널' 검색을 활용하였으며, 그 결과 시각장애 유튜버로 활동하고 있는 채널 총 11개를 추출하였다.

출처: 김지혜, 정익중, 김재연. (2024). 시각장애인의 장애수용에 관한 질적연구: 유튜브 동영상을 중심으로

2) 구독자가 많은 대형 유튜브 채널: 유튜브 순위 사이트 활용

연구하고자 하는 대상이 대형 유튜버이거나 대형 유튜버가 많이 활동하고 있는 주제를 연구하고 싶은 경우에는 유튜브 순위 사이트를 활용할 수 있다. 유튜브 순위 사이트의 경우 녹스인플루언서(kr.noxinfluencer.com)와 같은 유료 사이트 외에도 소셜러스(socialerus.com)와 같은 무료로 이용할 수 있는 사이트 등도 있다. 해외 유튜브 채널의 경우 소셜 블레이드(socialblade.com)와 같은 사이트에서 확인할 수 있다.

유튜브 순위 사이트 소셜러스에서의 테마 선택

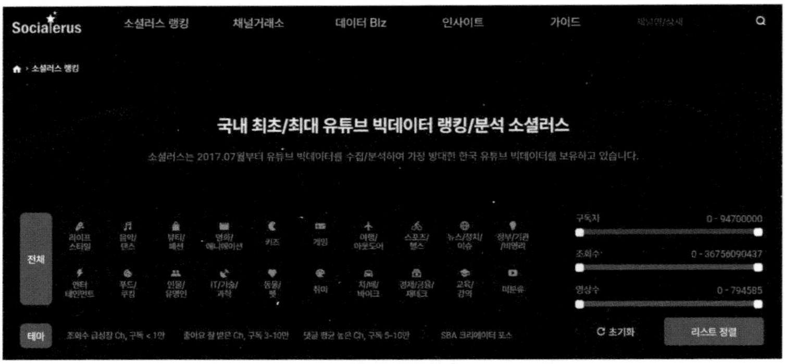

출처: 소셜러스 웹사이트. (n.d.). socialerus.com

유튜브 순위 사이트에서는 단순히 구독자에 따른 순위 외에도 조회수나 좋아요, 댓글이 많은 유튜브 등의 테마에 따라 비교할 수 있다. 또한, 뷰티 및 패션, 키즈와 같이 채널의 주제에 따라서도 선택하여 각 주제별 유튜브 순위를 확인할 수 있다.

만약 연구하고자 하는 대상이 대형 유튜브 채널이 자주 활동하는 분야이거나 대형 유튜브 채널이라면 이러한 순위 사이트를 논문 내에서 제시하면 보다 객관적인 자료로써 제시할 수 있다.

또한, 썸트렌드(some.co.kr) 등과 같은 사이트의 경우 유튜브의 자료들을 수집하거나, 인공지능 기술을 이용하여 검색어의 추이, 연관어, 감성, 비교 및 랭킹 분석하는 기능이 있으나, 2024년 10월 기준, 이러한 기능은 유료 서비스로 제공하고 있다. 그 외에도 다른 소셜 미디어 검색 간의 트렌드를 비교하는 등의 기능이 있으므로, 연구자가 연구 상황이나 목적에 따라 사용 비용 등을 함께 고려하여 활용 가능한 사이트를 탐색하는 것이 필요하다.

Tip 논문 등에서 제시하는 방법

유튜브 순위 사이트를 활용한 경우에도 어떠한 사이트를 활용하였는지 명시하는 것이 필요하다. 만약 사이트의 테마 검색 기능 등을 활용했다면, 활용한 구체적인 기능과 제외한 항목을 논문의 목적에 맞게 명확히 서술하는 것이 좋다.

유튜브 순위 사이트를 활용한 논문

> 유튜브 출연 아동의 놀이권 현황을 분석하기 위해 2020년 1월부터 12월까지 1년간 업로드된 아동 출연 유튜브 동영상을 연구의 분석 대상으로 선정하였으며, 아동의 범위는 유엔 아동권리협약의 만 18세 미만의 자로 정의하였다. 아동 출연 동영상 모니터링 대상은 유튜브 순위 사이트인 소셜러스와 녹스인플루언서의 구독자 순위, 조회수 순위에서 100위 안에 드는 채널 중 오디션을 준비하는 아동의 댄스 채널과 인기동요 및 동화 채널, 성인 놀이 콘텐츠 채널을 제외한 9개의 채널로 선정하였으며, 선정된 9개 채널의 동영상 중에서 중복 동영상, 아동 미출연 동영상, 게임 라이브와 사진 어플을 사용한 동영상을 제외하여 총 788개의 동영상을 모니터링 대상으로 하였다.

출처: 강희주, 유안나, 김재연, 정익중. (2021). 유튜브 출연 아동의 놀이권 보장 현황

3) 유튜버 기사 등의 관련 자료 활용

그 외에도 유튜버 등이 소개된 기사나 논문, 인터넷 커뮤니티의 게시글 등의 자료를 활용할 수 있다. 유튜브가 동영상 최대 플랫폼으로 성장함에 따라 유튜브 내의 채널을 운영하는 유튜버들도 사회에 다양한 영향을 미쳤다. 이에 국내 · 외 주요 언론 매체나 온라인 미디어에서는 유튜버에 대한

분석이나 인터뷰 등 다양한 기사나 관련 자료들을 접할 수 있다.

유튜버 관련 기사들을 통해 관련 주제에 어떠한 유튜버들이 활동하고 있는지 파악할 수 있으며 채널 선정에도 활용할 수 있다. 하지만 미디어 등에 소개되거나 언급된 유튜버라고 해서 반드시 현재 활동 중인 유튜버라는 보장은 없다. 또한 유튜버 각자 개인의 사정 등으로 채널은 존재하더라도 일시적으로 영상 공개를 제한하는 등의 상황이 있을 수 있다. 이에 아래와 같은 방법을 통해 자신의 연구 대상 채널로 적합한지 확인하는 과정이 필요하다.

유튜버 관련 자료 활용법: 인터넷 기사

1 유튜버 관련 기사를 통해 어떠한 유튜버들이 활동하고 있는지 확인한다.

장애인 유튜버가 소개된 기사 예시

우리가 몰랐던 장애인

집에 갇혀 있던 장애인, 유튜브 통해 세상 밖으로 나오다

입력 2020.09.11 13:00 수정 2020.09.11 14:03

11 2

대중매체는 장애인 개성 인정 않고 왜곡
솔직함 담긴 영상으로 '공존의 법칙' 알려
비장애인 인식 개선 · 장애 정체성 확립도
"아름다운 모습만 보여주는 것 경계해야"

출처: 이혜인. (2020. 9. 11.). "집에 갇혀 있던 장애인 유튜브 통해 세상 밖으로 나오다", 한국일보.

2 확인한 채널명을 직접 유튜브에서 검색한다.

기사 내 유튜브 채널명 확인

3 현재 활동 중인 유튜버인지, 연구 대상 기준에 적합한지 확인한다.

현재까지 활동 중이며 연구기준에 부합한 경우

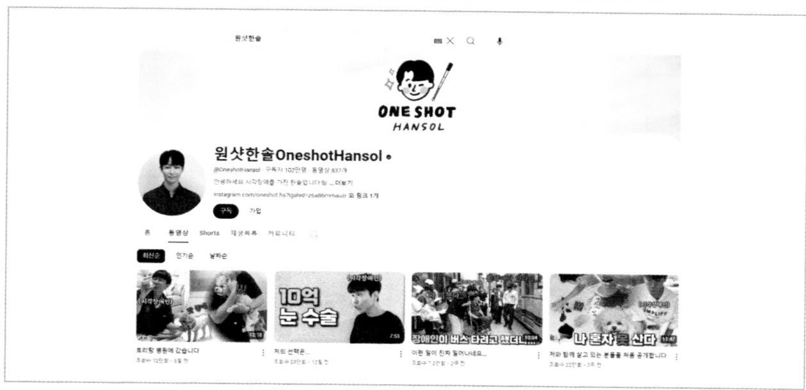

출처: '원샷한솔OneshotHansol' 유튜브 채널

채널명이 변경되고 영상 등이 없는 경우

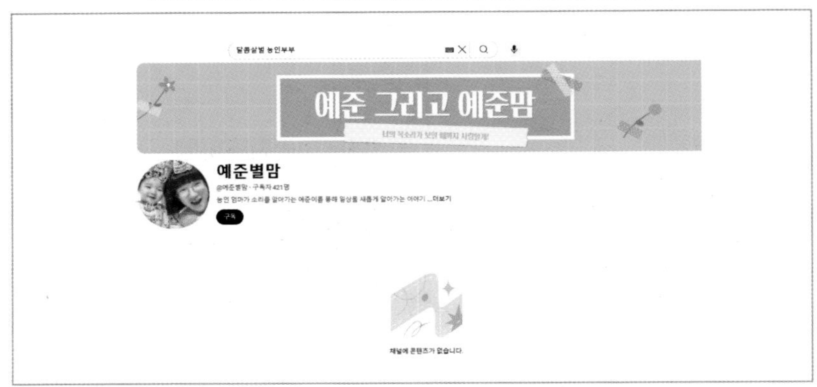

출처: '예준별맘' 유튜브 채널

유튜버 관련 기사 등의 자료는 연구자가 유튜브 영상 등의 데이터만으로는 파악하기 어려운 맥락적 정보를 보충하여 연구의 신뢰성을 높이고, 해석의 깊이를 더할 수 있는 중요한 자료이다. 이러한 자료는 해당 유튜버의 활동 동향, 콘텐츠 주제와 형식, 유튜브를 시작한 이유, 구독자와의 관계뿐만 아니라 유튜브 외의 활동 등 다양한 측면을 함께 조명하기 때문이다. 채널 선정 시에 기사 등의 자료를 활용하였다면, 해당 내용을 별도의 파일로 정리해 연구의 배경 및 유튜브에서 얻은 데이터를 해석하는 과정에서 유용하게 활용할 수 있다.

2. 영상 선정 방법

앞선 방법을 참고하여 채널을 선정하였다면, 다음은 연구하고자 하는 영상을 선정하는 것이 필요하다.

1) 채널별 영상 형식 탭 활용

선정된 채널을 살펴보면 채널에서는 영상의 형식에 따라 롱폼 영상인 '동영상', 숏폼영상의 'Shorts'와 '라이브' 등으로 구분되어 있으며, 각 탭을 클릭하면 해당 형식에 맞는 영상을 확인할 수 있다. 만약 선정된 채널에서 각 탭이 누락되어 있는 경우 해당 채널은 관련 형식의 동영상을 업로드 하지 않거나, 채널 관리자의 설정에 따라 관련 영상 형식을 공개하지 않은 채널이다.

연구자는 해당 영상 형식 탭을 통해 롱폼, 라이브 또는 Shorts 영상 등을 포함할 것인지 제외할 것인지에 대해서 영상 선정 기준의 첫 번째 기준으로 고려할 수 있다.

라이브 탭이 있는 채널 예시

출처: '우령의 유디오' 유튜브 채널

2) 각 채널별 영상 필터 활용

해당 채널 페이지 내에서 동영상 버튼을 클릭하면 업로드 된 영상을 확인할 수 있다. 채널 동영상은 업로드 된 일자에 따른 최신순, 날짜순, 영상 조회수에 따른 인기순으로 정렬할 수 있다.

인기순으로 정렬된 동영상 예시

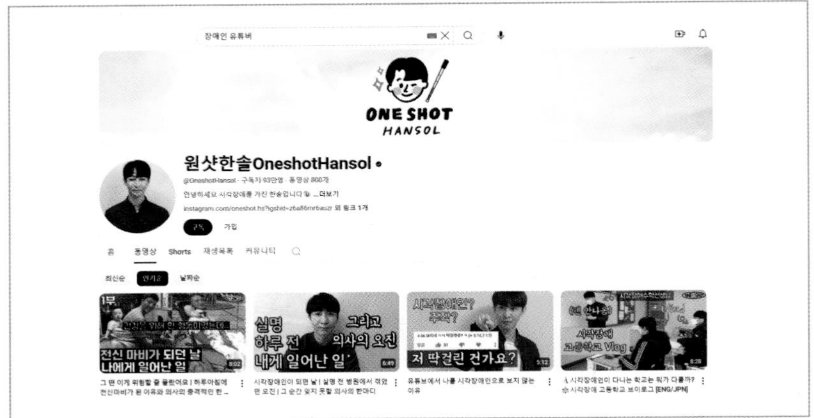

출처: '원샷한솔OneshotHansol' 유튜브 채널

Shorts 영상도 마찬가지로 최신순, 인기순, 날짜순으로 필터링할 수 있다.

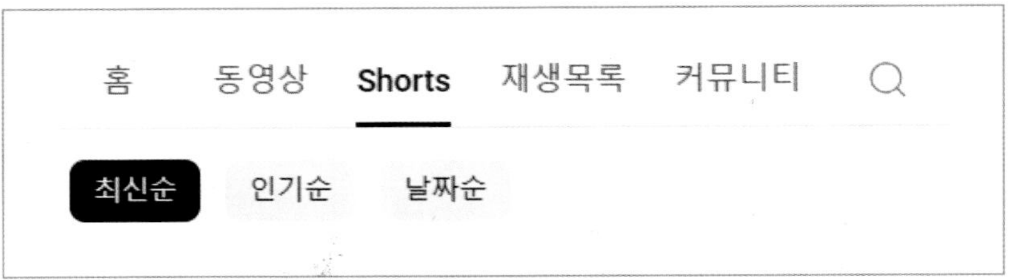

이처럼 필터링 기능을 활용하여 영상을 정렬하고 필요한 연구 대상 방법을 선정할 수 있다. 만약 연구하고자 하는 자료 수집 대상이 영상이 아닌 댓글이나, 좋아요와 같은 자료일 경우 '인기순' 정렬을 추천한다. 영상 조회수가 낮은 영상은 댓글 및 좋아요 등의 수가 현저하게 적을 가능성이 있어, 수집하고자 하는 자료의 한계가 있을 수 있기 때문이다.

3) 인기 급상승 기능

영상 선정의 또 다른 방법은 유튜브 홈페이지의 인기 급상승 기능을 참고하는 것이다. 인기 급상승 기능에서는 국가별로 현재 실시간으로 인기가 급상승 중인 동영상을 제공한다. 유튜브에 따르면 조회수나, 동영상 조회수 증가 속도, YouTube 외부를 포함하여 조회수가 발생하는 소스, 동영상 업로드 기간, 해당 동영상을 같은 채널에 최근 업로드 한 다른 동영상과 비교한 결과가 인기 급상승 순위를 결정할 때 고려하는 요소라고 밝히고 있다(YouTube 고객센터 홈페이지, n.d.). 이러한 인기 급상승 기능은 유튜브 홈페이지 좌측 탐색에서 확인할 수 있다.

또한, 각 국가별 인기 급상승 영상의 경우 개인 설정에서 간단하게 변경하여 확인할 수 있다.

유튜브 인기 급상승 기능 활용법

유튜브 홈페이지 가장 우측에 위치한 유저 아이콘을 클릭한다. 유저 아이콘은 개별 유저 아이디의 이니셜이 반영되므로 각자 아이콘은 상이할 수 있다.

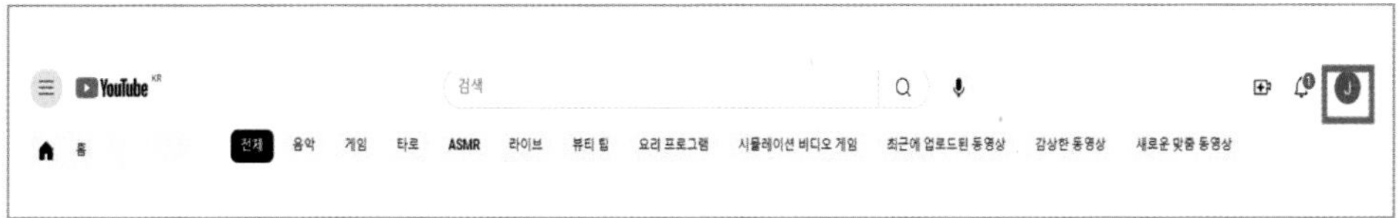

유저 아이콘을 클릭하면 계정 로그아웃 및 설정 등의 다양한 기능이 있다. 그 중 위치 버튼을 클릭하면 원하는 국가를 선택할 수 있다.

원하는 국가를 설정하면 해당 국가에서 현재 인기 급상승 영상을 실시간으로 확인할 수 있다.

국가를 일본으로 변경한 인기급상승 영상 예시

인기 급상승 기능의 장점은 사용자 맞춤이 아닌 국가별 인기 급상승 영상 목록을 동일하게 제공한다는 점이다. 연구에서 유튜브 자료를 수집할 때 인기 급상승 기능을 참고할 수 있다.

하지만 유튜브에 따르면 약 15분마다 해당 목록이 업데이트된다고 안내하고 있다. 객관적인 자료로써 인기 급상승 영상을 연구 대상으로 선정한 이유를 어떻게 제시할 수 있을지는 연구자의 역량에 달려있다. 최신, 음악, 게임과 영화로 목록 역시 한정되어 있다는 점도 한계가 있다. 이에 영상 선정에서 인기 급상승 기능을 활용하는 경우 다른 방법을 함께 추가적으로 고려하여 자료 수집 방법으로서의 제시가 필요하다.

3. 기타 활용 방법

앞선 채널 및 영상 수집 방법 외에도 자료 수집 과정에서 해시태그를 활용한 검색이나, 자동화된 툴을 활용한 데이터 수집 방법 및 영상 설정 방법과 같은 다양한 방법을 활용할 수 있다.

1) 해시태그 검색

먼저 해시태그 검색 방법은 유튜브 검색 창에서 관련 키워드 앞에 해시태그 표기인 '#'을 넣어 검색하는 방법이다. 해시태그를 통해 검색하면 관련 해시태그를 설정한 영상의 수와 채널수에 대한 정보가 제공되고, 해당 내용을 클릭하면 관련 영상을 모두 확인할 수 있다. 다만, 이러한 방법은 Shorts 영상만 구분될 뿐 조회 수 등과 같은 정렬은 제공하지 않아 연구자가 일일이 확인해야 하며 모든 검색어에 대해서 해시태그 검색이 가능한 것은 아니기 때문에 단일한 자료 수집 방법으로는 추천하지 않는다.

연구자가 유튜브를 활용한 연구를 시작하기에 앞서 관심 있는 주제와 관련된 유튜브 내의 영상 동향을 파악하기 위해 사용하거나, 현재 수집된 자료에서 관련 해시태그가 자주 사용되어, 해시태그 검색을 통한 추가적인 자료 수집이 요구되어질 때 해시태그 검색을 진행하는 것을 추천한다.

해시태그 검색 방법

1 검색창 내 관련 키워드 앞에 #을 붙여 검색한다.

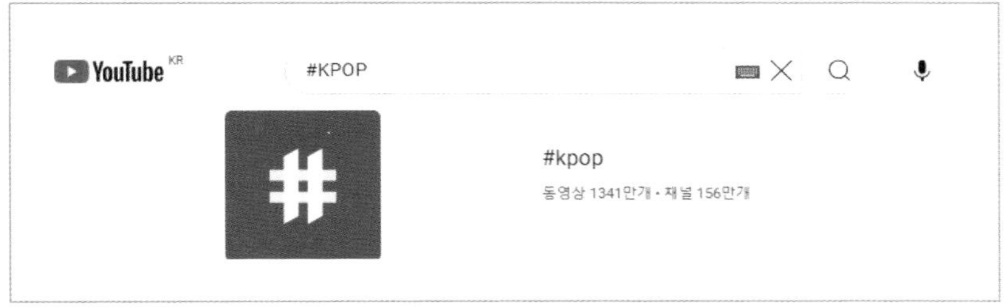

2 검색된 해시태그를 클릭하면 관련 영상을 확인할 수 있다.

2) 자동화된 툴 활용

자동화된 툴을 활용한 데이터 수집의 경우 YouTube Data API와 같은 구글에서 제공하는 툴을 활용하거나, R이나 Python과 같은 프로그래밍 언어를 활용하여 웹 크롤링을 수행하는 것이다. 자동화된 툴을 활용할 경우 영상, 댓글, 채널 등에 대한 많은 데이터를 간편하게 수집하여 개별 파일로 정리할 수 있다는 장점이 있다. 또한, 한 번에 다양한 데이터를 수집할 수 있고, 내용에 따라서는 수정된 내용에 대한 정보도 제공되기 때문에 쉽게 삭제되거나 시시각각으로 내용 등이 변화하는 유튜브의 환경에 대응하기에도 적합하다.

다만, 자동화된 툴을 사용할 때 너무 많은 데이터를 수집할 경우 추가적인 비용 부담이 발생할 수 있고, 데이터 수집에 관한 법적·윤리적 책임을 함께 충분히 고려해야 한다는 점에서 단점이 있다. 그럼에도 많은 영상이 업로드되고 많은 데이터가 있는 자료를 간편하게 편리할 수 있다는 점에서 최근 많은 연구자들이 사용하는 방법이기도 하다.

YouTube Data API 활용을 위한 설정

YouTube Data API를 활용하기 위해서는 먼저 구글 계정이 필요하다. 구글 회원이 아닌 경우 구글 회원가입을 통해 계정을 생성하여 로그인한 후 Google Developers Console(console.cloud.google.com)에 접속한다.

1 프로젝트 생성하기

1-1. 사용 설정된 API 및 서비스 내에 있는 '프로젝트 만들기' 버튼을 클릭한다.

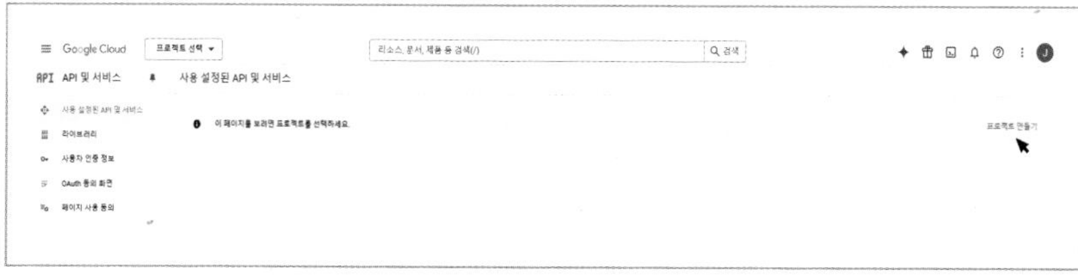

1-2. 프로젝트 이름을 입력하고 '만들기' 버튼을 클릭한다.

2 사용자 인증하기

2-1. 검색에서 'Youtube Data API v3'를 검색한다.

2-2. 사용 버튼을 클릭한다

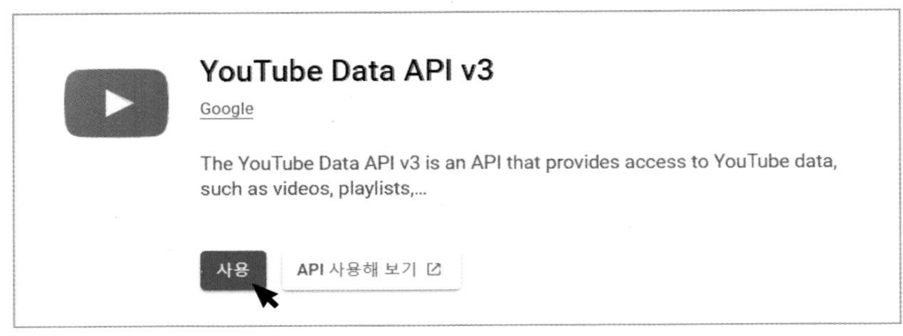

2-3. 사용자 인증 정보 내 '+사용자 인증 정보 만들기'를 클릭하고, 'API 키'를 클릭한다.

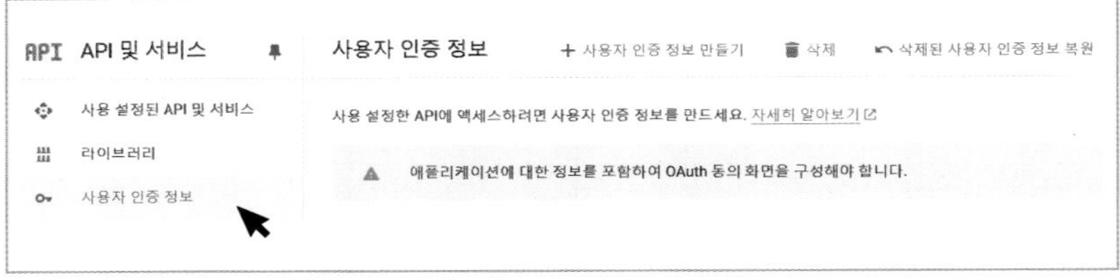

2-4. 키 생성이 완료되면 하단에 'API 키를 수정'을 클릭한다.

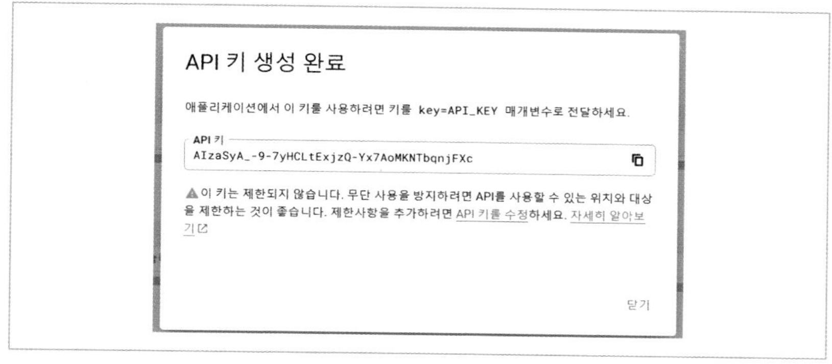

2-5. 키 제한에서 'Youtube Data API v3'를 검색하여 클릭하고 설정 버튼을 누른다.

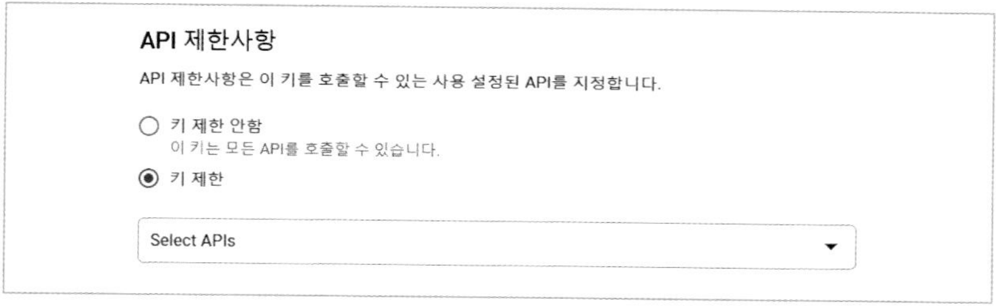

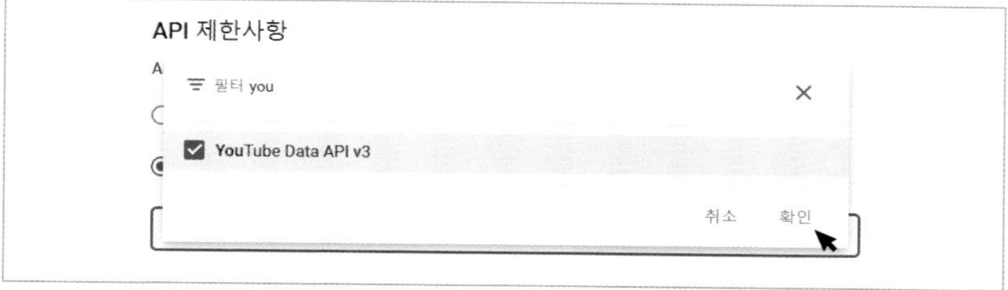

이렇게 설정하면, Youtube API 키(Key)가 발급되며, R이나 Python 등을 활용하여 유튜브 내의 다양한 데이터를 불러올 수 있다.

앞서 설명하였듯이 해당 툴의 패키지를 활용해서도 데이터를 불러올 수 있으나, 웹스크래핑 방법의 구체적인 설명은 본서에서는 생략하기로 한다.

자세한 방법이 궁금한 경우 웹스크래핑 방법 등을 설명한 빅데이터 분석 관련 저서나 웹사이트 등을 참고하면 좋다.

3) 영상 자막 및 속도 조정

이 외에도 영상을 대상으로 자료를 수집하는 경우에는 영상 내에서 설정 기능을 활용하여 자료 수집에 활용할 수 있다. 구체적으로는 연구자가 여러 영상을 일일이 확인하는 경우 재생속도를 빠르게 조정할 수 있고, 반대로 느리게도 설정할 수 있다.

자막의 경우, 영상 자체에 자막이 포함된 경우도 있지만 별도 자막 설정에서 추가된 경우도 있다. 영상 제작자가 제공하는 자막은 영상에서 직접 이야기하는 내용을 그대로 자막에 넣을 수도 있으나, ASMR 및 먹방 영상과 같은 영상은 영상에서 이야기하지 못하는 내용이 포함되기도 한다. 연구자는 영상을 대상으로 연구를 수행하는 경우 영상 자체에 포함된 자막 외에도 별도의 자막이 설정되어 있지 않은지 확인하는 것이 필요하다.

한편, 영상 제작자가 별도 자막 설정을 하지 않은 경우, 유튜브에서는 영상 내 음성 오디오에 대한 자동 생성 자막을 제공하고 있다. 이에 오디오 음성에서의 내용을 자막을 통해 한 번 더 확인할 수 있으므로 연구에서 활용할 수 있다.

유튜브 내 영상 자막 및 재생속도 설정탭

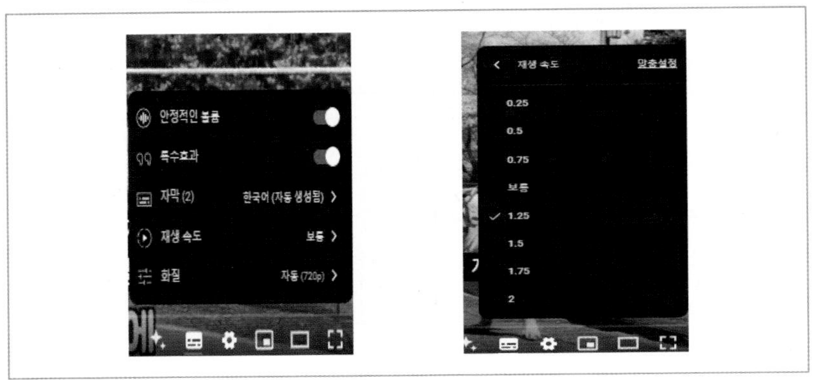

4. 자료 수집에서 추가적으로 고려해야 할 사항

유튜브의 자료를 수집하였다면 어떠한 데이터를 나의 연구 자료로 사용할 것인가에 대한 고려가 필요하다. 아래는 자료 수집 과정에서 각 연구자가 자료 수집 기준으로 고려할 수 있는 내용에 대해서 체크리스트로 정리하였다.

▶ 자료 수집 기준 설정 체크리스트

⋆ 검색창

- 검색 키워드: 주제와 관련한 검색 키워드가 있는지, 어떠한 키워드로 검색할 것인지 확인한다.
- 해시태그: 해당 주제와 관련되거나 눈에 띄는 해시태그가 있는지 확인하고, 있는 경우 해시태그 검색을 통해 추가 수집이 가능한지 확인한다.

⋆ 채널

- 채널 설명란: 해당 채널 설명란을 통해 채널의 주제를 확인한다.
- 채널 정보: 구독자 수, 채널 개설 일자 등 채널 정보를 활용하여 기준 설정이 가능한지 확인한다.

⋆ 영상

- 업로드 기간: 각 업로드 기간을 확인하고 별도 기간을 설정하고, 해당 기간 내에 몇 개의 영상이 포함되어 있는지 확인한다.
- 영상의 필터링 기준: 인기순, 날짜순, 최신순 등 어느 필터링을 활용할 것인지 기준을 정한다.
- 콘텐츠 주제: 일상 브이로그(Vlog), 먹방, 리뷰, 인터뷰, 실험카메라, 상황극 등 각 채널 내 영상 콘텐츠의 고유 주제를 활용할 것인지 기준을 정한다.
- 영상 내용: 영상의 배경, 자막, 발화 등 어떠한 내용을 포함하여 자료수집할 것인지 결정한다.
- 기타: 1분 이내 영상인 쇼츠(shorts) 또는 라이브 방송 포함 여부를 결정한다.

⋆ 기타

- 댓글: 댓글 분석을 진행하는 경우, 댓글 수 또는 콘텐츠에 따른 댓글 데이터를 선정한다.
- 커뮤니티 탭: 커뮤니티 탭에서의 관련 게시글 및 댓글도 분석에 포함할 것인지 결정한다.

5. 논문 작성 시 고려해야 할 사항

연구자들은 데이터 수집을 위해 해당 기능들을 활용하였을 때 논문 등에서는 어떻게 제시하여야 하는지 고민될 것이다. 또한, 실제 연구를 하다 보면 다양한 방법을 시도하여 각자의 연구 주제에 맞는 자료 수집 방법을 사용하게 될 것이다. 이때 중요한 것은 자신이 활용한 자료 수집 방법을 명확하게 명시하는 것이다.

1) 논문에서 반드시 작성해야 할 사항

(1) 검색 일자와 검색 저자

어느 시점부터 어느 시점까지의 기간을 설정하며 자료를 검색하였는지를 반드시 작성해야 한다. 또한, 필요에 따라서 검색어를 입력했는지도 기입하도록 한다. 유튜브 알고리즘 등으로 인해 동일한 키워드를 검색하여도 검색결과가 크게 달라질 수 있어, 일부 저자만 자료 수집을 진행하거나 검색 저자의 순서를 정하는 방안도 고려가 필요하다. 즉, 어떠한 저자가 검색하였는지, 여러 저자가 검색한 경우에는 검색 순서는 어떻게 진행했는지에 대해서도 함께 작성하도록 한다.

(2) 선정된 채널 및 영상에 대한 선정 기준

선정된 채널과 영상에 대한 선정 기준은 반드시 필요하다. 필요한 연구 방법에 따라 특정 주제나 업로드 날짜 기준이 될 수도 있고, 조회수 및 구독자 수 등에 대한 자료 등이 기준이 될 수 있다.

(3) 검색 및 선정된 채널과 영상의 수

선정된 채널 및 영상에 대한 기준을 작성하였다면, 선정된 채널과 영상의 수를 최종 자료 수집의 기준으로 제시하여야 한다. 필요에 따라서 해당 영상에 대한 시간 길이 등도 함께 포함될 수 있다.

(4) 제외된 영상의 이유 작성

연구 방법에 따라 제외된 영상이 있다면 이에 대한 이유를 반드시 작성하도록 한다. Shorts 영상 및 라이브 영상 등에 대한 기존에 제공되는 기능 외에도 특정 영상 콘텐츠 형식이 포함이 되지 않는다면 이유를 작성하도록 한다. 이처럼 최종 연구 대상으로 선정된 채널 및 영상 개수를 제외하기 전의 채널 및 영상의 개수와 비교하여 함께 작성하면, 보다 객관적인 자료로써 자료 수집 과정을 제시할 수 있다.

2) 기타 연구 방법별 작성 사항

(1) 영상 업로드 일자

선정된 기준 중에 업로드 일자 등이 포함된다면, 이를 기입하도록 한다. 특히 대형 유튜브 채널을 대상으로 하는 경우 너무 많은 영상 자료들이 있기 때문에 선정 기준으로 영상 업로드 일자를 고려하는 경우가 많다.

(2) 연구 자료 수집에 활용된 분석 사이트의 설명

유튜브 순위 사이트 등을 활용한 경우, 사이트에서 제공하는 기본적인 기능을 제시하고, 사용한 기능에 대해서 함께 작성하도록 한다.

(3) 유튜브 채널, 영상 및 관련 뉴스 기사 등 기타 수집 자료

그 외에도 유튜브의 기능 및 유튜브에 대한 정보를 제공하는 사이트 외에도 해당 유튜브 채널 등과 관련한 뉴스 기사 및 논문 등에 대한 추가적인 자료가 있다면 함께 기입하는 것이 필요하다.

CHAPTER 04 ▶ ⏭

유튜브 영상 연구하기

1. 유튜브 영상 분석의 필요성

유튜브 영상은 출연자, 제작자, 광고주, 시청자가 얽혀 끊임없이 영향을 주고받는 곳이다. 이러한 순환적 관계는 개인의 취향뿐만 아니라 문화적 변화와 사회적 집단의 변동에도 영향을 주어 사회변화를 이끄는 역할을 한다. 따라서 유튜브 영상 자체의 연구뿐만 아니라, 각 영상이 만들어내는 커뮤니케이션 과정과 사회적 영향을 탐구하는 것은 매우 중요하다. 이를 통해 유튜브 영상이 미치는 복잡한 사회적, 문화적, 경제적 효과를 더욱 심층적으로 이해할 수 있다.

1) 유튜브 영상의 메시지 전달 방식 분석

유튜브 영상의 기획–제작–촬영–시청–소비 과정에서 영상 자체에 대한 분석은 매우 중요하다. 어떤 특정 영상에서는 음성 없이 이미지로만 제작되거나 반복적인 영상 재생을 통해 메시지를 전달하는 경우가 있으며, 기획자의 의도가 음성이나 출연자의 행동으로 드러나지 않고 자막을 통해 간접적으로 전달되기도 한다. 이러한 방식으로 송출되는 콘텐츠는 단순히 텍스트나 음성만으로는 그 의미를 충분히 파악하기 어려우므로, 출연자 구성과 행위 이외에도 영상 자체의 시각적 요소와 편집 방식 등을 추가로 분석할 필요가 있다.

텍스트나 음성 외에도 영상의 이미지, 장면 전환, 색감, 카메라의 움직임, 음향, 출연자의 표정과 연출 행위, 촬영 시간과 장소 등이 중요한 의미를 담고 있을 수 있으며, 이러한 복합적인 요소가 어떻게 시청자에게 해석되는지를 연구하는 것이 유튜브 영상 연구의 핵심이다. 이를 통해 영상 콘텐츠가 전달하는 메시지와 기획자의 의도, 소비자에게 미치는 영향, 소비자를 거쳐 사회에 미치는 영향을 더욱 정확하게 이해할 수 있다. 이처럼 유튜브 영상 분석은 단순한 음성 또는 텍스트 분석을 넘어서는 깊이 있는 연구를 가능하게 한다.

유튜브 영상의 메시지 전달방식 예시

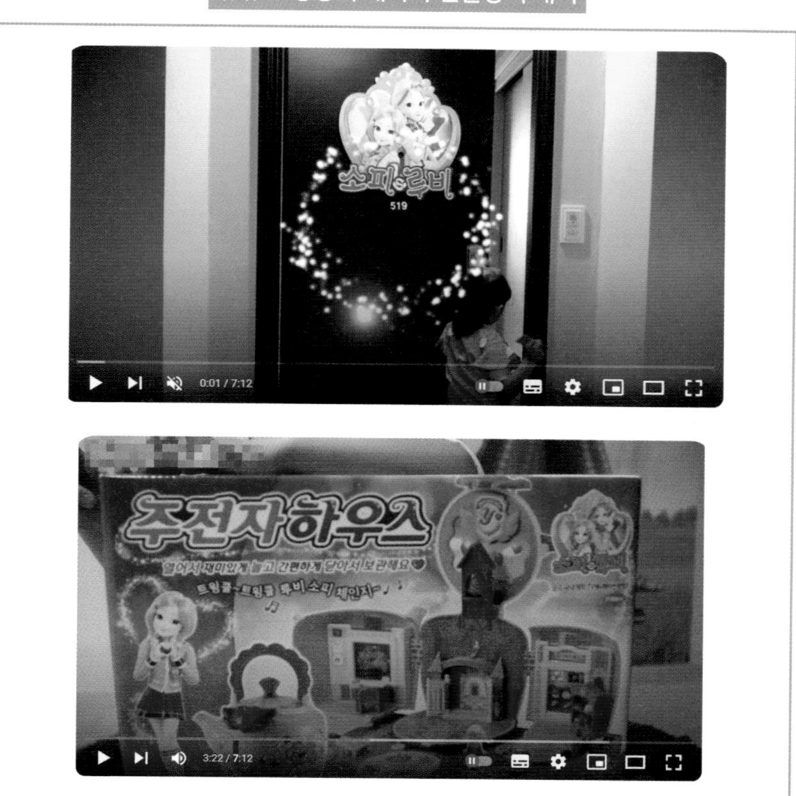

2024년 5월 기준, 300만 이상의 구독자를 보유하고 있는 키즈유튜버 채널의 영상이다. 해당 영상은 영상 재생 직후에 광고할 장난감 브랜드명을 클로즈업으로 강조하는 특징을 보이며, 이러한 연출 방식은 인기 키즈 유튜버 영상에서 빈번히 발견된다. 키즈 유튜버가 출연하는 영상의 마케팅 연구를 수행할 때에는 아동의 발화뿐만 아니라 자막, 연출 기법, 촬영 기술 등을 종합적으로 분석해야 하는 이유를 명확히 보여주는 사례라 할 수 있다. 이와 같은 분석은 영상 콘텐츠가 광고 메시지를 전달하는 방식과 출연 아동의 역할이 어떻게 설계되고 실행되는지를 체계적으로 이해하는 데 기여한다.

2) 유튜브 영상을 둘러싼 다양한 주체와 상호작용 분석

유튜브 영상 연구에서는 영상 자체뿐만 아니라 콘텐츠 제작자와 출연자, 소비자 간의 상호작용을 분석하여 수익 창출 과정, 출연자의 노동환경, 소비자 보호 등도 살펴볼 수 있다. 그리고 구체적인 상호작용이 영상에서 어떻게 표현되고, 그 결과가 특정 세대나 집단에 미치는 영향을 분석할 수 있다. 영상 속에 담긴 메시지와 그에 대한 반응은 시청자의 가치관, 행동, 사회적 인식 등에도 영향을 미치며, 이는 사회적 변화와도 직결된다.

따라서 유튜브 영상 연구는 단순히 플랫폼 자체가 아닌, 영상 콘텐츠 자체와 이것을 만드는 주체들로 인해 발생되는 사회적, 경제적, 문화적 효과를 중심으로 이루어져야 한다. 이를 통해 유튜브가 어떻게 사회를 변화시키고 있는지에 대한 깊이 있는 이해를 도출할 수 있다.

유튜브 영상 내 다양한 주체와의 상호작용 분석 예시

출연 아동은 "친구들, 재미있었나요? 구독을 눌러주세요"라는 멘트를 하며, 구독 독려 메시지를 가리키는 동작을 수행한다. 유튜브 출연 아동의 노동 실태를 체계적으로 연구하려면 출연 아동의 발화 내용과 자막 분석뿐만 아니라, 아동이 콘텐츠 기획자나 보호자의 지시에 따라 정해진 대본을 읽고 연기하는 과정을 분석할 필요가 있다. 따라서 영상분석 시 이러한 장면들을 포착하고, 동시에 제시된 대본을 읽고 연기하는 데 소요되는 시간이 콘텐츠 제작 과정에서 얼마나 큰 비중을 차지하는지에 대한 정량적 분석도 포함되어야 한다. 해당 분석은 출연 아동의 참여 행위가 단순한 놀이 활동에 해당되는지 또는 노동의 형태로 볼 수 있는지를 판단하는 데 중요한 근거를 제공할 것이다.

2. 유튜브 영상에 대한 사회과학적 접근

유튜브 영상을 연구로 접근할 때에는 두 가지의 방법을 고려할 수 있다. 첫 번째는 영상 자체를 분석하는 방식으로, 영상 내부의 구성 요소인 시각적, 청각적 요소와 내러티브 구조를 심층적으로 탐구하는 방법이다. 이 접근법은 영상의 기획, 편집, 출연자의 행위 및 메시지 전달 방식을 파악하는 데 초점을 맞춘다. 두 번째는 영상 분석 결과를 영상 외부의 사회적, 문화적, 경제적 변인과 연결하여 사회 현상을 설명하는 방식이다. 두 접근법은 상호 보완적으로 작용하며, 영상이 디지털 사회에서 가지는 의미를 보다 종합적으로 해석할 수 있도록 돕는다.

1) 유튜브 영상 내부분석

유튜브 영상의 특성과 구성 요소를 분석하는 방법으로, 영상 자체에 초점을 맞추어 그 구조와 내용을 탐구한다. 예를 들어, 마케팅 분야에서는 유튜브에서 이루어지는 광고 행위와 수용자의 반응을 분석하거나, 행정학 분야에서는 정부 및 공공기관이 유튜브를 활용하여 정책을 홍보하는 방식과 그 동향을 연구할 수 있다. 정치학 분야에서는 정치적 보수/진보 성향을 반영하는 유튜브 뉴스 채널의 특성과 편향성을 주제로 삼을 수 있다. 이외에도 영상 콘텐츠와 채널의 시간적 변화 양상, 동일한 콘텐츠가 채널의 특성이나 성별, 국적, 연령 등에 따라 어떻게 다르게 소비되는지 등을 분석하는 연구도 가능하다. 이러한 내부분석은 유튜브 영상의 콘텐츠와 구조적 특징을 심층적으로 이해하는 데 기여한다.

2) 유튜브 영상분석과 외부 변수의 연결

영상분석 결과를 유튜브 외부의 다양한 사회적 변인과 연결하여 심화된 해석을 도출할 수도 있다. 예를 들어, 유튜브 내에서의 정보와 기존 미디어 플랫폼에서 제공하는 정보를 비교하거나, 정치적 성향에 따라 유튜브 뉴스 채널에 대한 시청자 관심도가 실제 선거 결과나 지지율과 어떤 상관관계를 보이는지 분석하는 연구가 이에 해당한다. 이 접근법은 영상 자체의 기술적 분석을 넘어, 유튜브 콘텐츠가 사회적 현상과 어떤 방식으로 연결되고 영향을 미치는지를 탐구하는 데 목적이 있다. 연구자는 현상 기술에서 그칠 것인지, 아니면 유튜브 콘텐츠와 외부 변인 간의 관계를 규명하여 사회 현상을 설명하고 예측하는 데까지 나아갈 것인지 연구의 목적과 범위에 따라 접근 방식을 결정해야 한다.

그러나 이러한 두 가지 방법론은 상호 보완적으로 활용될 수 있으며, 유튜브를 통해 나타나는 디지털 사회의 다양한 측면을 보다 정교하게 이해하는 데 기여할 수 있다.

유튜브 영상 분석 방법을 이해하기에 앞서, 저자가 수행한 연구 사례(하단 QR코드)를 참고한다면, 이후의 분석 방법을 더욱 명확하게 이해할 수 있을 것이다. 이 글에서는 유튜브 출연 아동의 아동학대 현황을 분석한 강희주, 정익중(2020)의 연구를 예시로 들고자 한다. 해당 연구는 연구자가 각 단계에서 의사결정을 내리는 과정을 상세히 보여주며, 연구의 객관성과 체계성을 확보하기 위한 노력을 잘 드러낸다. 연구 과정에서는 분석 대상의 선정, 코딩 체계의 개발, 데이터의 신뢰성과 타당성 확보 방안 등이 구체적으로 논의되었다.

더불어, 유튜브 출연 아동의 놀이권 현황, 유튜브 먹방콘텐츠에서 발생하는 아동학대 현황을 다룬 연구도 참고하길 권장한다. 이러한 연구들은 디지털 환경에서 아동 권리 침해가 어떤 방식으로 발생하는지에 대한 통찰을 제공하며, 이를 분석하는 방법론을 제시한다. 특히, 디지털 플랫폼에서 아동의 권리가 어떻게 위협받고 있는지를 다각도로 분석함으로써, 유튜브 영상 분석 연구가 콘텐츠 평가를 넘어 사회에 미치는 영향과 그 맥락을 이해하는 데 중요한 요소임을 명확히 드러낸다.

강희주, 정익중 (2020). 아동 출연 유튜브에 나타난 아동학대 현황.

강희주, 유안나, 김재연, 정익중 (2021). 유튜브 출연 아동의 놀이권 보장 현황.

Kang, H., Yoon, S., & Chung, I. (2024). Content analysis of child abuse risks in YouTube Mukbang videos.

3. 유튜브 영상분석 방법

1) 내용분석의 개념과 활용

내용분석은 체계적인 절차를 통해 텍스트로부터 타당한 결론을 도출하는 데 사용되는 연구 방법으로, 다양한 형태의 텍스트와 메시지에 적용될 수 있다(Weber, 1990). 여기서 "텍스트"는 단순히 문서 형태의 자료를 넘어, 메시지를 제작하거나 전달하는 발신자와 이를 수용하고 해석하는 수신자까지 포함하는 개념으로 확장된다. 발신자는 의도적 정보 전달을 목적으로 메시지를 제작하는 주체를 의미하며, 수신자는 이를 해석하고 반응하는 주체로 정의된다.

내용분석은 작은 단위의 단어, 문장, 구, 절을 시작으로 점진적으로 전체 맥락을 이해하는 순환적이고 유연한 과정을 거친다. 이 과정은 분석 도중 새로운 해석이 필요한 경우 수정과 보완이 가능하다는 점에서 큰 유연성을 가진다. 이러한 특성 덕분에 내용분석은 다양한 분야에서 활용된다. 예컨대, 개인, 집단, 조직의 공적 발언에서 숨겨진 의미나 정치적 의도를 발견하거나, 특정 인물의 성향과 의도를 파악하는 데 효과적이다.

내용분석은 특정 시대의 사회적, 경제적, 문화적 특성을 탐구하는 연구 방법으로도 유용하다. 예를 들어, 판결문 분석은 법적 판단 과정에서 사용된 언어적 표현과 논리구조를 통해 법원의 의사결정 경향과 사회적 메시지를 탐구할 수 있다. 연설문 분석은 특정 정치인의 연설에서 반복적으로 등장하는 키워드와 문장구조를 통해 정치적 성향과 사회적 메시지 전달 방식을 밝혀내는 데 기여한다. 이와 같이, 내용분석은 텍스트에 내재된 정보와 맥락을 체계적으로 해석하여 다양한 학문적, 실천적 목적을 달성하는 데 효과적인 도구로 활용된다. 내용분석 방법을 통해 판결문과 연설문을 분석한 연구 사례는 다음과 같다.

강희주, 성윤희, 이연지, 이경은, 정익중(2022). 아동학대 사건 집행유예 판결문에 대한 내용분석.

강희주, 이진혁, 정익중 (2024). 대한민국 역대 대통령 어린이날 기념 연설문 분석.

(1) 내용분석의 다층적 접근

내용분석이 텍스트 자체뿐만 아니라 메시지 발신자와 수용자를 모두 고려한 다층적 분석을 하는 이유는 분석 과정에서 발신자가 의도한 의미와 수신자가 해석하는 방식을 함께 고려할 때 더 깊이 있는 분석이 가능하기 때문이다.

메시지 발신자는 언제나 특정한 메시지나 정보를 담아 전달하고자 하는 의도를 갖고 있으며, 이러한 의도는 텍스트에 반영된다. 반면, 수신자는 자신의 사회적, 문화적, 심리적 배경을 기반으로 텍스트를 해석하며, 이 과정에서·메시지의 의미를 재구성하기도 한다. 따라서 발신자의 의도와 수신자의 해석 방식이 상호작용하면서 텍스트의 최종적인 의미가 형성된다. 발신자와 수신자의 상호작용은 텍스트가 단일한 의미를 가지지 않음을 보여주며, 분석자는 발신자의 의도와 수신자의 해석 방식 모두를 탐구함으로써 보다 심층적이고 체계적인 이해에 도달할 수 있다.

기존의 내용분석은 발신자와 수신자의 맥락을 함께 분석하여, 기록물, 매체, 발화 녹취록, 연설문 등과 같은 자료 속에 담긴 메시지를 분류하고 그 의미나 특성을 파악하고자 하였다(Stemler, 2015). 이를 통해 특정 메시지가 의도와 다르게 해석되거나 수용되는 방식, 시간적 추이에 따른 변화 경향, 메시지 전달의 차이점을 분석함으로써 텍스트가 가진 다층적 의미를 보다 체계적으로 이해하고자 했다(박태정, 2023). 결과적으로, 내용분석의 다층적 접근은 메시지 발신자의 의도와 수신자의 해석 과정을 통합적으로 고찰함으로써, 텍스트가 가지는 복합적인 의미를 보다 명확하게 설명할 수 있는 강력한 연구 방법이다.

이러한 내용분석 연구방법의 특성을 고려했을 때, 제작자와 출연자, 시청자, 광고주 등 다양한 주체가 등장하여 상호작용하고, 시간 추이에 따라 다양한 메시지를 전달하여 사회현상을 만들어내는 유튜브 영상분석에 기존의 내용분석 방법을 적용하는 것이 매우 적절하다고 볼 수 있다.

(2) 자료 분석의 유용성

내용분석은 특히 조사자가 기록물 이외의 증거를 사용할 수 없을 때 방대한 자료를 요약, 분류, 분석하는데 유용한 연구방법이다(Holsti, 1969; 이상호, 2005에서 재인용). 이 방법은 자료의 정량적, 정성적 특성을 모두 탐구할 수 있어 특정 현상의 원인과 결과, 영향을 추론하는 데 효과적으로 활용된다. 이러한 이유로 내용분석법은 주요 방송 통신 매체였던 TV의 영상 콘텐츠를 분석하여 그 내용 특성을 기술하고, 메시지가 사회와 시청자에게 미치는 영향을 체계적으로 이해하는 데 사용되어 왔다.

유튜브는 이미지, 장면 전환, 색감, 카메라의 움직임, 음향, 출연자의 표정과 연출 행위 등 다양한 시각적 · 청각적 요소들을 통해 메시지를 구성한다. 이러한 메시지는 단순히 콘텐츠 자체에 국한되지 않고, 수용자와의 상호작용 속에서 그 의미와 영향력이 형성된다. 유튜브 영상의 내용분석은 이러한 다차원적 요소들을 정량화하고, 정성적 특성을 체계적으로 분석함으로써 메시지가 수용자에게 미치는 영향을 추론하는 데 매우 적합한 연구 방법이다.

2) 유튜브 영상분석을 위한 내용분석 적용

유튜브의 주요 발신은 1차적으로 영상 자체이지만, 실질적인 발신자는 출연자 혹은 편집자로 그 대상이 명확하다. 댓글이나 구독자 수를 통해 영상 소비자와의 생각과 기호, 욕구, 상호작용도 파악할 수 있다. 따라서 유튜브 영상에서 발생하는 다채로운 메시지인 디지털 커뮤니케이션을 분석하고 그 의미를 추론하기 위해서는 내용분석이 가장 적합하다고 볼 수 있다.

그러나 모든 영상분석에 내용분석을 적용할 필요는 없다. 연구의 목적과 주제, 분석 대상이 되는 플랫폼의 콘텐츠 성격에 따라 가장 적합한 연구 방법이 달라질 수 있기 때문이다. 예컨대, 연구자가 질적 분석에 중점을 두고 특정 주제나 담론의 사회적 맥락과 의미를 심층적으로 탐구하고자 한다면 주제분석이나 비판적 담론분석이 더 적합할 수 있다. 반면, 영상 자체의 특성과 주제에 대한 패턴 분석이나 특정 콘텐츠의 영상적 특징(빈도, 양상 등)에 대한 통계적 검토가 필요하다면, 내용분석은 이를 체계적으로 수행하는데 매우 유용하다.

3) 내용분석 타당성 및 신뢰성 확보를 위한 연구자의 역할

모든 연구와 마찬가지로, 내용분석에서 가장 중요한 것은 분석의 타당도와 신뢰도를 제고하는 것이다. 따라서 내용분석 과정에서 수정, 검토, 재구성 등이 필요하며, 그 과정에서 연구자는 체계적이고 논리적이며 투명한 의사결정 과정을 중요시해야 한다.

연구 주제에 대한 개념 정의, 분석 대상과 단위 선정, 데이터 수집, 데이터 정제, 내용분석 기준틀(코딩북) 마련, 코딩훈련, 코딩실시, 코딩 일치도 확보에 이르기까지, 연구의 처음에서 마침까지 이루어지는 연구자들의 의사결정은 그 어떤 연구방법 보다 내용분석에서 빈번하고 깊이 있게 이루어진다. 그리고 이러한 연구자의 의사결정 과정 방법과 그 근거는 연구방법의 신뢰성과 타당성을 보장하는 핵심이 된다. 따라서 연구자는 이론과 선행연구에 근거하여 연구의 시작부터 마침까지 논리적이고 체계적으로 연구를 진행해야 한다.

4. 유튜브 영상분석 과정의 주요 요소

유튜브 영상을 대상으로 내용분석을 실시할 경우, 기존의 내용분석 연구방법과 동일하게 중요하게 고려되는 요소들이 있다.

1) 객관성

연구자의 가치, 주관적 판단에 의한 영상분석이 이루어지지 않기 위해서는 사전에 명확하게 만들어진 규칙과 절차에 의거해서 각 연구 단계가 수행되어야 한다(Holsti, 1969). 연구자의 주관성을 최소화한 객관성이 확보된 연구여야 분석대상으로 설정한 영상 콘텐츠의 본질을 연구에 그대로 반영할 수 있다. 명확한 규칙과 절차는 연구의 일관성을 유지하고, 데이터의 신뢰성을 확보하는 데 핵심적인 역할을 한다.

2) 재연가능성

영상분석 과정에서의 객관성 확보를 통해 다른 연구자로 하여금 동일한 연구를 반복할 수 있게 해야 한다. 이를 재연가능성이라 하며, 연구 결과의 신뢰도를 높이는 중요한 기준이다(윤영민, 2019). 재연가능성을 보장하기 위해서는 연구자의 분석 절차와 기준이 명확히 문서화되고 공유되어야 한다.

3) 체계성

영상을 통해 발견한 현상 혹은 관계 설명은 일반화가 가능할 만큼 충분한 논리적 근거가 제시되어야 한다. 연구자는 콘텐츠 선정 절차와 기준, 콘텐츠 내 채널 선정, 선정한 채널에서 제외하는 영상과 이유(데이터 정제), 코딩 기준과 절차, 내용분석 기준틀(코딩북)의 최종 설정과 근거, 영상 분석을 위한 모니터링 과정, 분석 결과에 대한 코더 간 일치 과정, 신뢰도 확보 등 연구 전반에서 이루어지는 의사결정 과정과 실제 진행한 분석 과정을 정확하고 자세하게 기술해야 한다.

연구자가 분석 과정에서 수행한 체계적인 의사결정 과정과 방법론적 로드맵은 분석의 체계성을 뒷받침하고, 분석의 체계성은 연구 결과의 일반화에 대한 논리적 근거가 된다. 즉, 체계적인 방법론적 로드맵을 제공하는 것은 연구의 엄밀성과 재연성을 향상시킨다(Naeem, Ozuem, Howell & Ranfagni, 2023). 체계성은 앞서 언급한 객관성, 재연가능성과도 긴밀하게 맞물려 있다(윤영민, 2019).

4) 수량화

내용분석에서 수량화는 방대한 데이터를 체계적으로 정리하고, 연구 주제와 관련된 주요 개념 및 논의점을 도출하는 데 필수적이다. 이는 영상 데이터를 이론적, 개념적 형태로 변환하여 연구 목적에 맞게 분석을 수행하는 데 유용한 접근법을 제공한다.

(1) 방대한 영상 데이터 정리

유튜브 영상은 시각적 · 청각적 요소가 밀집된 방대한 양의 데이터이므로 분석하는 데 상당한 시간이 소요된다(Creswell, 2016). 연구자가 영상을 지속적으로 모니터링 할수록 이전에 분석한 내용이 흐릿해지거나 일관성을 잃을 가능성도 존재한다. 이를 해결하기 위해, 수량코딩을 통해 영상 데이터의 주요 정보를 요약하고 분석 대상 변인 간의 관계를 단순화하는 작업이 필요하다.

(2) 코딩을 통한 데이터의 이론적, 개념적 형태 전환

영상 데이터를 체계적으로 분석하기 위해 코딩은 필수적인 과정이다. 수량코딩은 미리 정의된 구조에 따라 키워드와 정보를 분류함으로써 데이터를 보다 이론적이고 개념적인 형태로 변환하는 작업이다(윤영민, 2019).

Tip 코딩을 통한 수량화 예시

유튜브 출연아동에게 발생하는 아동학대 현황 연구의 경우, 연구자들은 기존의 아동학대 유형인 '신체적 학대', '정서적 학대', '방임', '성학대'가 유튜브 안에서 어떻게 발생하고 있는지 모니터링 했다. 그 결과, 방임이 134건(42.3%), 정서적 학대가 109건(34.4%), 신체적 학대가 74건(23.3%) 순으로 나타났다. 이와 같은 결과는 유튜브에서는 심각성이 쉽게 인식될 수 있는 신체적 학대보다는 국민적 인식 수준이 높지 않고 학대 판정이 모호한 정서적 학대나 방임이 더 빈번하게 발생한다는 것을 확인할 수 있다(강희주, 정익중, 2020). 이처럼 수량화는 비정형화되어 있는 방대한 영상 데이터들을 정형화된 형태로 정리하여 보다 이론적이고 개념적인 형태로 만들어 준다.

표 2.1 유튜브 아동학대 유형과 빈도에 대한 분석결과

아동학대 유형	빈도	비율(%)
신체적 학대	74	23.3%
정서적 학대	109	34.4%
방임	134	42.3%
계	317	100%

출처: 강희주, 정익중. (2020). 아동 출연 유튜브에 나타난 아동학대 현황.

코딩 과정에서 연구자는 먼저 연구 주제와 밀접하게 관련된 '명백한 상징(symbol)'을 선정하고, 그 상징에 맞춰 영상을 코딩하고, 이후 이 코딩 결과를 수량화한다. 예를 들어, 유튜브 출연 아동의 아동학대 현황을 분석하는 연구에서는 '정서적 학대'라는 코딩 범주를 설정하였고, 이를 세부적으로 '아동에게 악플 읽게 하기', '몰래카메라로 아동을 놀라게 하기', '울고 있는 아동을 클로즈업하면서 아동의 고통을 부각시키기' 등으로 분류하여 분석하였다. 이러한 작업은 주제분석과 패턴분석을 포함하여(Attride-Stirling, 2001), 연구자가 방대한 데이터를 체계적인 단위로 변환하여 효율적으로 관리하도록 돕는다.

코딩을 통해 연구자는 원시 데이터를 쉽게 관리할 수 있는 단위로 변

환하고(Naeem, Ozuem, Howell & Ranfagni, 2023), 연구 질문과 관련된 특정 요소를 식별하고 분류하여 주요 개념을 도출할 수 있다(Fereday & Muir-Cochrance, 2006). 이 과정은 연구자가 영상의 본질을 파악하고, 분석 결과를 심화시켜 연구 주제에 대한 통찰력을 얻는 데 기여한다(Saldana, 2016).

Riff, Lacy, & Fico(2005)는 내용분석을 '커뮤니케이션 상징(symbol)'에 대한 체계적이고 재현 가능한(replicable) 분석 방법으로 다음과 같이 정의했다.

내용분석은 '커뮤니케이션 상징(symbol)'들에 대한 '체계적이고 재현 가능한(replicable)' 분석 방법으로, 선정된 분석 대상에 대해 객관적인 규칙에 따라 일정한 값이나 점수를 부여하고, 이를 통계적으로 분석하는 과정이다. 내용분석을 통한 결과는 단순히 커뮤니케이션 내용 자체를 기술하는 데 그치지 않고, 그 의미를 추론하는 데까지 확장된다.

---

5. 유튜브 영상 내용분석 과정

연구 목적과 주제 선정

1) 연구 목적 설정을 위한 선행연구 검토
2) 연구 문제와 주제 선정의 보완 및 변경
   (1) 기존 연구 주제 확장
   (2) 연구 문제의 재구성
   (3) 후속 연구 계획
3) 개념 정의

연구 대상 선정

1) 질적연구의 표집 적용
2) 유튜브 영상 표집을 위한 준거적 표집기준 설정
3) 콘텐츠 종류 및 채널 선정
4) 분석 단위 선정

데이터 정리 및 정제

1) 텍스트 변환과 비정형 데이터 처리의 한계
2) 연구 데이터의 분류와 저장 방법
   (1) 폴더 구조의 체계화
   (2) 엑셀파일로 데이터 관리
   (3) 영상 분석 단위의 세분화

영상분석 방법

1) 1차 모니터링을 통한 내용분석 준거틀(코딩북) 마련
   (1) 개방코딩을 통한 1차 모니터링 진행
   (2) 코딩 훈련 실시
   (3) 영상 내용분석 코딩북 확정
   (4) 영상 내용분석 준거틀(코딩북) 종결
   (5) 영상 내용분석 준거틀(코딩북)의 분량 조절
   (6) 분석 과정에 대한 기록

2) 2차 모니터링과 코딩
   (1) 코딩 차원 최종 설정하기
   (2) 순환적, 유연적 코딩(수정, 검토, 재구성)
   (3) 코딩과정 기록하기
   (4) 코딩재교육과 재모니터링을 통한 신뢰도 점검

3) 코딩 신뢰도 및 사회타당도 확보와 코딩 종결

연구 결과 제시

1) 코딩 수량화와 빈도분석
2) 주제분석과 인용문 제시
   (1) 주제분석에서 편견 없는 접근과 귀납적 연구의 중요성
   (2) 효과적인 유튜브 영상 주제분석을 위한 데이터 필사와 정리 과정
   (3) 연구의 반성성 실천과 인용문 선택의 중요성
3) 연구 결과 및 해석

유튜브 영상분석 프로세스

1. 연구 목적과 주제 선정

1) 연구 목적 설정을 위한 선행연구 검토

연구자는 유튜브를 통해 연구하려는 현상, 연구를 통해 해결하고 싶은 연구 목적을 확인한다. 이후 관련된 선행연구가 어느 정도 수행되었는지 확인하고, 수행하려는 연구가 기존의 선행연구를 이론적, 실천적으로 어떻게 보완하여 발전시킬 수 있는지에 대한 학술적 기여 부분을 면밀히 검토한다.

예를 들어, 연구자가 '유튜브에서 아동학대가 발생하고 있는지' 혹은 '어떤 양상으로 아동학대가 발생하는지'를 확인하고자 할 때, 먼저 선행연구를 통해 관련 정보를 검토하는 것이 필수적이다. 연구자는 오프라인에서 발생하는 아동학대의 유형, 가해자 및 피해자 특성이나(성별, 관계, 연령 등), 유튜브 이전에 주로 사용된 매체(TV, 라디오 등)에서 출연 아동이 직면한 유해 환경에 대한 연구를 충분히 살펴보아야 한다. 또한, 기존의 아동학대 문제, 유튜브 이전의 방송통신 매체에서 발생한 아동 유해환경에 대한 문제에 대응하여 국내에서 관련 제도와 법률이 어떻게 제 · 개정되었는지도 확인한다. 이를 통해 연구자는 유튜브 출연 아동들이 어떠한 학대 위험에 처할 수 있으며, 어떻게 사회안전망에서 제외되고 있는지를 예측하여 문제의식을 가질 수 있다.

이러한 선행연구 검토 과정을 통해 연구자는 자신의 연구 목적을 더욱 구체화할 수 있으며, 연구의 필요성을 명확하게 인식하게 된다.

2) 연구 문제와 주제 선정의 보완 및 변경

선행연구는 연구자가 초기에 설정한 연구 문제를 수정하거나 보완할 수 있는 기회도 제공한다. 선행연구를 통해 새로운 연구 문제와 개념을 발견했을 때, 연구자는 기존의 연구 목적과 주제를 보완하거나 변경할 수 있다. 이때, 선행연구가 제공하는 정보는 단순한 참고자료 이상의 역할을 하며, 연구의 방향을 재정립하는 데 중요한 기반이 된다.

예를 들어, 연구자가 유튜브에서 아동학대의 유형에 초점을 맞추어 연구를 시작했더라도, 선행연구에서 아동의 경제적 착취와 같은 새로운 개념을 발견하게 된다면, 이러한 요소를 연구에 포함할지, 혹은 이를 새로운 연구 주제로 설정할지를 결정해야 한다. 이 과정에서 연구자는 다음과 같은 선택을 할 수 있다.

(1) 기존 연구 주제 확장

새롭게 발견된 개념을 기존 연구문제에 통합하여 연구의 범위를 확장할 수 있다. 예를 들어, 아동학대 유형에 경제적 착취의 문제를 추가하고, 연구 목적을 유튜브에서의 아동학대와 아동 노동 착취를 함께 분석하는 것으로 수정할 수 있다.

(2) 연구 문제의 재구성

선행연구에서 발견된 새로운 개념이 기존 연구와 상이하지만 중요도가 높은 경우, 기존 연구 문제를 수정하여 새로운 개념을 주 연구 주제로 삼을 수 있다. 예를 들어, 아동학대 유형을 다루는 대신, 유튜브에서 발생하는 아동의 경제적 착취 현황과 법적, 제도적 보호책을 연구하는 방향으로 연구 주제를 전환할 수 있다.

(3) 후속 연구 계획

새롭게 발견한 개념이 현재 연구의 범위를 넘어서거나 지나치게 복잡한 경우, 이를 후속 연구 주제로 설정할 수 있다. 연구자는 기존 연구에서는 처음 설정한 주제를 유지하되, 새로운 개념은 별도의 연구로 계획하여 추가적인 탐구를 진행할 수 있다.

이러한 방식으로, 선행연구는 연구자가 연구 목적을 더욱 명확하게 설정하고, 새로운 문제를 탐색할 수 있는 기회를 제공한다. 이를 통해 연구는 더욱 심화되고, 실질적이고 다양한 관점을 반영한 결과를 도출할 수 있다.

Tip 후속연구 계획 예시

최종 편집된 영상에는 잘 드러나지 않지만, 유튜브 출연 아동은 영상 촬영을 위해 여러 차례 대본을 읽고 연습하는 등 상당한 시간을 노동행위로 소비한다. 그러나 유튜브 출연 아동의 노동행위를 영상 자체만으로 확인하기란 어렵다. 다만, 아동들이 유튜브에 출연해 '놀이'하는 행위가 과연 기존의 아동놀이 네 가지 특성인 '아동주도성', '무목적성', '놀이 촉진성', '적절한 시간과 장소'를 모두 충족하는지 분석함에 따라 출연 아동의 행위가 놀이인지, 아니면 놀이형태를 띈 노동인지를 확인할 수 있다. 저자의 경우 선행연구 검토를 통해 발견된 유튜브 출연 아동의 노동행위 문제를 유튜브 출연아동의 아동학대 현황 연구의 후속연구로 수행한 바 있다.

출처: 강희주, 유안나, 김재연, 정익중. (2021). 유튜브 출연 아동의 놀이권 보장 현황

3) 개념 정의

연구 주제를 설정했다면 연구 주제의 주요 개념을 설정하는 조작적 정의의 단계를 거친다. 개념 정의는 선행연구를 기반으로 해야 한다.

Tip 연구 주제에 따른 개념 정의 사례

'유튜브 출연아동 아동학대 발생 현황'을 연구 주제로 설정했다면, '유튜브 출연아동', '아동학대'에 대한 개념 설정이 이루어져야 한다. 아동복지법 제3조 1호에서는 '아동이란 18세 미만인 사람을 말한다.'로 규정하고 있으며, 국제법인 유엔아동권리협약 제1조에서도 아동은 '18세 미만의 모든 사람'으로 정의된다.

▶ 유튜브 출연아동을 정의할 때 '유튜브에 출연하는 18세 미만의 사람'으로 정의할 수 있다.

아동복지법 제3조 7호는 '아동학대란 보호자를 포함한 성인이 아동의 건강 또는 복지를 해치거나 정상적 발달을 저해할 수 있는 신체적 · 정신적 · 성적 폭력이나 가혹행위를 하는 것과 아동의 보호자가 아동을 유기하거나 방임하는 것을 말한다.'고 규정하고 있다. 즉, '아동학대'는 아동의 복지 등을 훼손하는 복지적 차원의 광의의 개념으로 적극적인 가해행위뿐만 아니라 소극적 의미의 단순 체벌 및 훈육까지 아동학대의 정의에 명확히 포함하고 있다(아동권리보장원, 2024).

▶ 오프라인에 적용하는 아동학대 개념을 디지털 환경에 적용하여 유튜브 내에서 발생하는 아동학대를 새롭게 개념화 할 수 있다.

연구자들은 선행연구를 통해 기존의 아동학대가 '신체적 학대', '정서적 학대', '성학대', '방임'으로 측정되어 왔음을 확인하였다.

▶ 18세 미만의 아동이 출연하는 유튜브를 모니터링하면서 유튜브에서 발생하는 아동학대를 앞서 언급한 네 가지 학대 유형으로 분류하여 분석할 수 있다. 그러나 모니터링 결과, 모두에게 공개되는 유튜브에는 성학대가 발생하지 않음을 확인하여, 유튜브에서의 아동학대를 세 가지 학대 유형인 신체적 학대, 정서적 학대, 방임으로 분류하여 분석하였다. 이를 통해 연구자들은 오프라인에서 발생하는 아동학대와 유튜브에서 발생하는 아동학대 유형과 패턴, 특성 차이를 구분해서 기술할 수 있었다.

2. 연구 대상 선정

1) 질적연구의 표집 적용

연구 대상을 선정하려면 연구 주제와 연관된 개념 정의를 명확히 설정하고, 이를 기반으로 분석 대상에 따라 수집할 영상의 범위를 구체화해야 한다.

유튜브 연구의 목적은 유튜브 내에서 발생하는 독특한 현상의 본질을 이해하기 위해 영상의 다차원적인 의미를 풀어내고, 설명을 발전시키며, 개념이나 이론을 생성하는 데 있다. 따라서 유튜브 영상 분석 대상은 연구 주제를 설명해 줄 수 있는 사건, 과정, 관련 요소들이 포함된 것으로 선택되어야 한다(Ritchie, Lewis and Elam, 2003).

이는 기존의 질적연구의 표집과 매우 유사하다는 것을 발견할 수 있다. 질적연구 표집에는 유튜브와 마찬가지로 대규모의 대표성 논리가 아닌 소규모의 비확률 논리가 적용되기 때문이다. 즉, 질적연구의 표집은 수리적 확률이나 통계적 대표성이 아니라, 관심 현상의 핵심적 특성을 보여줄 수 있는 깊이 있고 풍부한 자료를 제공하는지가 기준이 된다. 이는 연구 대상 선정을 위해 표집 과정에서 연구 목적과 연구 질문을 드러내 보여줄 수 있는 특정 준거(criterian)를 미리 정해서 선택한다는 것과 같은 의미를 지닌다.

질적연구에서는 이러한 표집을 양적연구의 '확률적 선택'과 대비해 '준거적 선택'이라고 한다(김인숙, 2016). 준거적 선택이란 질적연구자들이 미리 연구의 각 단위들이 가져야 할 특성의 목록 또는 충족시켜야 할 일련의 준거를 정한 후, 그 특성에 부합되는 사례를 찾는 방법이다. 질적연구에서는 이러한 표집 방법들을 총괄하여 의도적 표집(purposeful sampling)으로 부른다.

질적연구에서 표집선택은 선택적 표집, 이론적 표집으로 구분될 수 있고, 선택적 표집은 전형적 사례표집, 이질적 표집, 동질적 표집, 극단적 사례표집, 결정적 사례표집, 할당 표집, 눈덩이 표집, 편의 표집 등으로 구분될 수 있다. 이러한 표본 설계와 표집 방법을 유튜브 영상 연구에 적용하려면 각각의 방법론을 심도 있게 이해하고 실질적인 적용 가능성을 평가해야 한다. 해당 내용을 자세히 공부하여 유튜브 연구에 적용하고 싶다면 질적연구 방법론 관련 저서를 참고하는 것을 추천한다.

2) 유튜브 영상 표집을 위한 준거적 표집기준 설정

유튜브는 기존 방송 매체와는 다른 독특한 특성을 기반으로 새롭게 등장한 플랫폼이다. 이러한 특성으로 인해 기존의 질적연구에서 사용되는 이론적, 경험적 표집 기준(김인숙, 2016)이 유튜브 영상 연구에는 충분히 적용되지 않을 수 있다. 특히, 유튜브 영상 연구가 아직 충분히 축적되지 않은 상태에서는 준거적 표집 기준을 설정하는 과정이 어렵게 느껴질 수 있다. 그러나 연구자가 선행연구를 바탕으로 명확한 연구 문제를 설정하고, 연구 주제와 관련된 개념에 대한 정의를 충분히 내렸다면, 이를 기반으로 연구 주제에 적합한 준거적 표집 기준을 설정할 수 있다. 이는 유튜브 영상 분석의 체계적인 표집 과정을 지원하며, 연구 목적에 부합하는 자료를 확보하는 데 중요한 역할을 한다.

예를 들어, 유튜브 출연아동은 두 가지 유형으로 나눌 수 있다. 첫 번째 유형은 자신이 원하는 대로 콘텐츠를 기획하고 촬영하며, 편집까지 주도적으로 수행하는 아동으로, 능동적이고 자율적인 역할을 수행한다. 반면, 두 번째 유형은 부모나 제작자가 작성한 대본에 따라 행동하며, 자율성과 자기결정권이 제한된 아동이다. 이들은 원하는 콘텐츠가 완성될 때까지 촬영을 강요받는 경우가 많아, 성인들의 경제적 이익을 위한 수단으로 이용될 가능성이 높다. 이 경우, 아동 출연자가 능동적이고 자율적으로 참여한 경우보다 아동학대에 노출될 위험이 더 크다(Kang, Yoon & Jung, 2024). 따라서 연구자는 아동이 자발적으로 촬영한 만들기, 그림 그리기 채널 등은 분석 대상에서 제외할 수 있다.

한편, 아동이 특정 상품을 지속적으로 노출하며 광고하는 행위는 아동의 노동 행위로서 아동 인권 침해와 관련된 연구 대상이 될 수 있다. 그러나 '유튜브 출연 아동의 아동학대 현황은 어떠한가?'라는 연구 질문, 즉 신체적 학대, 정서적 학대, 방임, 성학대 등 기존의 아동학대 개념을 다루는 질문과는 직접적인 연관이 부족할 수 있다. 이러한 경우, 연구 질문과 분석 대상 간의 혼란을 방지하기 위해 아동의 마케팅 행위로 간주되는 장난감 언박싱 영상이나 토이리뷰 채널은 표본에서 제외할 수 있다.

반면, 선행연구에서는 아동에게 기름지고 짠 음식을 다량 섭취하게 하는 먹방 콘텐츠가 아동에게 과식과 같은 불건전한 식습관을 유발할 뿐만 아니라, 장시간 촬영과 건강에 해로운 음식의 반복적 섭취로 인해 신체적 · 정신적 건강에 심각한 위험을 초래할 수 있음을 경고하고 있다(Ferreira & Agante, 2020; Fleming-Milici et al., 2023; Simone et al., 2019). 이러한 먹방 콘텐츠는 아동의 신체적 · 정신적 건강에 직접적인 위협이 될 수 있으며, 아동학대의 위험과 밀접하게 연관될 가능성이 높다. 따라서 '먹방' 영상을 준거적 표집 기준으로 설정하여 의도적 표집을 실시하는 것이 타당하다. 이외에도 '엽기', '충격', '몰카' 등의 제목으로 이루어진 영상 중 아동을 대상으로 촬영된 영상에서는 아동학대가 발생할 가능성이 높음을 추정하여 분석 대상으로 포함할 수 있다.

이처럼 위에서 언급한 질적연구의 표집의 의미와 중요성은 유튜브 영상 분석 대상의 선정 및 표집 과정에서 여전히 중요하게 강조된다. 저자는 연구 목적과 질문에 부합하는 유의미한 데이터를 확보하기 위해 다음과 같이 분석 대상 및 연구 범위를 설정하였다.

> **Ⅲ. 연구방법**
>
> **1. 분석대상 및 연구범위**
>
> 본 연구의 연구문제를 분석하기 위해 MBC 보도국에서 제공한 조사 자료를 참고하여 아동 출연 유튜브 콘텐츠를 선정하여 모니터링을 실시하였다. 모니터링 대상은 2019년 7월부터 12월까지 6개월 동안 유튜브 순위 사이트인 소셜러스의 15개 채널 중 토이 리뷰 2개의 채널을 제외한 13개의 아동 출연 유튜브 채널 1,074개의 동영상, 또 다른 순위 사이트인 버퍼링 차트에서 소셜러스와의 중복 콘텐츠를 제외한 16개의 채널 1,367개의 동영상, 유튜브 콘텐츠 제작자 추천 채널 및 '먹방, 엽기, 충격, 몰카'로 검색한 11개의 채널 2,249개의 동영상을 합해 총 40개 채널의 4,690개의 동영상이다. '엽기, 충격, 몰카'로 검색한 이유는 이 단어들이 신체적, 정서적으로 아동의 건강한 발달을 저해하고 아동학대 상황이 쉽게 발생할 것이라 판단되었기 때문이다. '먹방'의 경우는 출연 아동에게는 소아비만을 일으키고 시청 아동에게는 영상 과몰입을 일으켜 정서 및 신체발달의 지연을 일으킬 수 있다고 경고한 바를 근거로(관계부처합동, 2018) 검색어에 포함하였다.

출처: 강희주, 정익중. (2020). 아동 출연 유튜브에 나타난 아동학대 현황.

3) 콘텐츠 종류 및 채널 선정

분석 대상이 명확해지면 영상의 콘텐츠 또는 채널을 선정한다. 유튜브에는 오락/예능, 교육, 일상 브이로그(Vlog), 게임, 뉴스, 헬스 등 다양한 콘텐츠 유형이 있고, 그 하위에는 구독자 수나 조회수에 따른 인기 또는 비인기 채널이 있다. 채널 안에는 개별 영상(scene)이 들어가 있고, 개별 영상 안에는 초당 이미지들로 구성되어 있다. 이외에도 유튜브에서의 행위 주체는 기획자, 광고주, 시청자, 출연자 등으로 다양하다.

이러한 다층적이고 위계적인 유튜브 체계를 고려할 때, 영상분석 대상은 연구 주제 및 연구 목적에 따라 달라진다. 인기 채널과 비인기 채널을 구분해서 구독자 수나 조회수를 통해 그 기준을 설정해야 할 수도 있고, 영상 전체의 상황적 맥락이 분석 대상이 될 수 있으며, 초당 나타나는 이미지 자체가 분석 대상이 될 수도 있다. 연구 목적과 주제에 따라 콘텐츠와 채널이 결정되면, 어느 시점에서 언제까지 업로드 된 영상을 분석 대상으로 선정할지도 연구 주제와 목적에 부합해서 결정해야 한다.

Tip 상위 인기채널을 연구 대상으로 선정한 예

저자는 유튜브 출연 아동의 아동학대 현황을 분석하기 위해 상위 인기 채널을 연구 대상으로 선정하였다. 이는 인기 채널에 출연하는 아동들의 고용 관계가 대부분 가내 사업 형태로 이루어지며, 기획과 촬영이 부모의 권한 아래 진행된다는 특성(Vander, Verdoot & Leiser, 2019) 때문이다. 이러한 구조에서는 학대 상황이 발생하더라도 이를 발견하기 어려워 문제가 더욱 심각해질 가능성이 크다.

또한, 구독자 수와 조회수가 많은 영향력 있는 채널은 음식 광고나 스폰서 제안을 통해 경제적 이득을 보장받는 경우가 많기 때문에 비인기 키즈 유튜브 채널들은 경제적 수익을 달성하기 위해 인기 채널의 영상 특성을 모방하는 경향을 보인다. 이러한 이유로, 저자는 아동학대 문제의 심각성과 영향을 보다 명확히 파악하기 위해 구독자 수와 조회수가 높은 인기 채널을 분석 대상으로 선정하였다.

콘텐츠 종류 및 채널 선정을 위해 유튜브 순위 사이트의 경우 녹스인플루언서(kr.noxinfluencer.com)와 같은 유료 사이트 외에도 유튜브랭킹(youtube-rank.com) 소셜러스(socialerus.com)와 같은 무료로 이용할 수 있는 사이트를 이용할 수 있다. 구독자가 많은 대형 유튜브 채널을 확인하고 싶다면, 본 저서 'PART 02. 유튜브 데이터 연구 활용 방법'의 '2) 구독자가 많은 대형 유튜브 채널: 유튜브 순위 사이트 활용(p.32)'을 참고하기 바란다.

유튜브 채널 랭킹 사이트 소셜러스(Soccialerus)내 '키즈'채널 확인

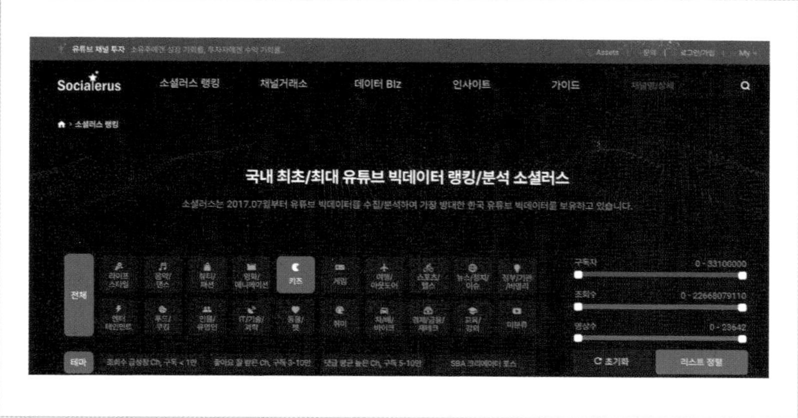

소셜러스 내 '키즈' 분야 인기채널 순위 (2024년 11월 18일 기준)

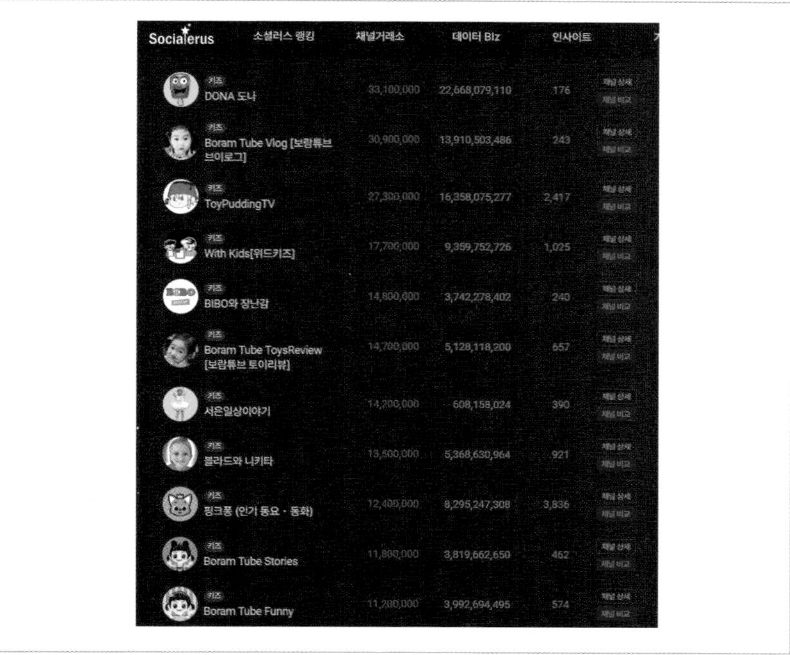

4) 분석 단위 선정

콘텐츠 및 채널이 선정되었다면 출연자의 표정과 상호작용, 자막, 배경음악, 댓글, 광고주, 제작자, 업로드 일시, 영상 개수 등 유튜브가 가진 속성 중에서 분석단위를 선정해야 한다. 유튜브 영상은 Shorts부터 1시간 이상의 브이로그까지 재생시간이 다양하기 때문에 단순히 영상 자체를 분석할 것인지, 아니면 영상에서 파생되는 맥락적 요소들까지 포함할 것인지도 연구 주제와 목적에 따라 신중히 고려해야 한다. 분석단위의 선정 과정은 연구 결과의 신뢰성과 타당성을 높이는 데 매우 중요하므로, 이를 구체적으로 기술해야 한다.

저자의 경우, 유튜브에서 발생하는 아동학대를 포괄적으로 파악하기 위하여 영상 내 아동의 멘트와 표정, 괴로워하는 아동을 클로즈업하는 촬영기법, 아동을 놀리는 자막, 영상 외 아동에게 달린 악플 내용을 분석단위로 포함하였다. 이러한 분석단위를 설정함으로써 아동학대의 다양한 양상을 다각도로 조명하고, 유튜브라는 플랫폼에서 나타나는 아동학대 맥락을 보다 심층적으로 분석할 수 있었다.

3. 데이터 정리 및 정제

데이터 정제는 수집된 연구 대상을 분석에 적합한 형태로 다듬는 과정으로, 분석의 정확성을 높이는 데 필수적인 절차이다. 일반적인 텍스트 내용분석에서는 오타 수정, 불필요한 기호나 중복된 단어 제거, 문장구조 수정 등을 통해 데이터 정리와 정제 과정을 일관성 있게 진행한다. 영상 분석도 이와 유사하게 체계적인 정리와 정제가 요구된다.

1) 텍스트 변환과 비정형 데이터 처리의 한계

영상 데이터는 비정형 데이터로, 수집된 영상에서 아동이 하는 모든 말과 행위를 기록하는 데는 한계가 있다. 네이버 클로바 노트나 Google Docs 음성 입력 기능 같은 텍스트 변환 프로그램을 활용하여 영상 속 음성을 텍스트로 변환할 수 있지만, 이 과정에서도 연구 주제와 무관한 내용을 삭제하거나 수정하는 작업이 필요하다. 그러나 아동학대가 발생한 영상 이미지, 자막, 댓글 등은 이 같은 프로그램을 통해 저장하거나 작업하기 어려운 한계가 존재한다. 이러한 비정형 데이터를 정제하고 체계적으로 정리하는 방법은 영상 연구의 중요한 도전 과제 중 하나이다.

2) 연구 데이터의 분류와 저장 방법

이러한 한계를 보완하고자, 다음과 같은 방식으로 데이터를 정리하고 저장할 수 있다.

(1) 폴더 구조의 체계화

콘텐츠 유형이나 채널별로 폴더를 만들고, 각 폴더 내에 '신체적 학대,' '정서적 학대,' '방임'이라는 하위 폴더를 추가하여, 관련 영상에서 캡처한 이미지를 유형별로 저장하였다.

(2) 엑셀파일로 데이터 관리

엑셀파일을 활용하여 채널, (영상)제목, (업로드)일자, 콘텐츠 종류, 영상 주요 내용, 아동학대 유형(신체적 · 정서적 · 방임), 해석, URL 항목으로 데이터를 분류하고 저장하였다.

(3) 영상 분석 단위의 세분화

동영상 1개를 분석 단위로 설정하고, 출연자의 말과 행동, 이미지, 음성, 자막, 시청자 댓글, 편집 방식 등 영상의 모든 구성 요소를 고려하여 데이터를 기록하였다. 이를 통해 유튜브에서 아동학대가 어떠한 양상으로 나타나는지를 체계적으로 정리하고 분석할 수 있도록 하였다.

이와 같은 데이터 정리 및 저장 방식은 분석의 체계성을 높이고, 연구의 타당성을 확보하는 데 중요한 역할을 했다. 유튜브 영상 데이터를 엑셀파일로 분류하고 저장한 방식은 다음과 같다.

유튜브 영상 데이터 정리를 위한 엑셀 활용

no	채널	제목	콘텐츠 종류	조회수	영상 주용내용	신체학대	정서학대	방임	해석	ULR

4. 영상분석 방법

1) 1차 모니터링을 통한 내용분석 준거틀(코딩북) 마련

유튜브 영상 내용분석 준거틀(코딩북)은 연구 주제에서 중요한 개념을 키워드로 선정하고, 이를 바탕으로 코딩의 기준을 설정하는 도구다. 이 코딩북은 연구 개념의 정의를 명확히 하여 연구자들에게 일관된 분석 지침을 제공하고, 영상 분석에서 다룰 내용을 구체적으로 설명하는 지침서 역할을 한다. 그러나 내용분석 준거틀(코딩북)은 처음부터 완성되지 않는다. 데이터 수집 이후 1차 모니터링을 시작으로, 분석이 끝날 때까지 반복적으로 생성, 수정, 삭제, 추가, 통합 과정을 거치며 최종적으로 완성된다.

Tip 기존의 내용분석과의 차이!

"영상 분석에서는 코딩 체계 완성을 후순위로 두기"

기존의 내용분석에서는 대개 코딩 체계를 모두 완성한 뒤 연구 대상의 표집을 수행하는 경우가 많다(윤영민, 2019). 그러나 유튜브 영상 분석에서는 먼저 연구 주제에 적합한 채널과 콘텐츠를 선정하고, 분석 단위를 설정한 후, 이를 바탕으로 1차 모니터링을 수행하는 것이 필요하다. 이는 유튜브 콘텐츠와 주체, 채널에 대한 탐색적 연구가 부족한 상황에서 영상 분석의 특성을 이해하고, 연구 주제와 긴밀히 연결된 요소들을 선별하기 위함이다.

1차 모니터링은 연구자들이 영상에 익숙해지고, 영상이 연구 주제와 어떻게 연결되어 있는지 파악할 수 있는 중요한 과정이다. 연구 주제를 충분히 설명할 만한 표집이 이루어지지 않았다면, 추가적으로 연구 대상 표집을 실시할 기회도 얻을 수 있다.

이처럼 1차 모니터링이 먼저 이루어져야만 분석할 영상을 효과적으로 표집하고, 주제를 포괄하는 코딩북 초안을 구성할 수 있다. 유튜브 영상 콘텐츠는 각기 다른 맥락과 특성을 가지고 있으므로, 1차 모니터링이 먼저 실시되어 연구 대상의 다채로운 요소를 포괄적으로 반영한 코딩 체계를 마련할 필요가 있다.

따라서 유튜브 영상 분석에서는 기존의 내용분석 방법과 달리, 코딩 체계의 완성을 후순위로 두고 연구 대상의 표집을 우선적으로 수행하는 것이 바람직하다. 다만, 연구 주제나 목적에 따라 이러한 과정의 순서는 유연하게 조정될 수 있다. 연구자는 이를 염두하고 각 단계에서 적합한 절차를 선택하여 진행해야 한다.

(1) 개방코딩을 통한 1차 모니터링 진행

내용분석 준거틀(코딩북)은 연구자가 편견없이 개방코딩을 실시하는 1차 모니터링 단계에서 시작된다. 분석 대상 영상에 익숙해지고 데이터에 대한 감을 잡기 위해 1차 모니터링을 통해 연구 주제와 관련된 영상의 특성, 출연자 행동, 음성 등을 정리해야 한다.

유튜브에서 아동학대를 다루는 연구를 예로 들면, 1차 모니터링 과정에서 매운 음식을 강제로 먹이는 장면이 신체학대의 사례로 자주 발견되었다. 1차 모니터링의 관찰 결과를 바탕으로, 연구자는 '먹방 영상에서 발생하는 신체학대'라는 큰 주제를 설정할 수 있다. 이후, 연구자는 학대 유형 및 주제와 관련된 동영상의 제목, 콘텐츠 유형, 조회수, URL을 체계적으로 기록하고, 학대 유형과 연관된 주요 이미지나 행위, 출연자와 제작자 간의 의사소통, 시청자 반응 등을 정리함으로써 분석의 기초 자료를 마련할 수 있다. 이 과정은 연구자가 단순히 영상의 표면적인 특징을 기록하는 데 그치지 않고, 연구 주제와 관련된 구체적인 요소를 심층적으로 탐색하는 데 도움을 준다.

1차 모니터링이 끝나면 연구자들은 모니터링 결과를 공유하여 '유튜브 아동학대 내용분석 코딩북'을 제작한다. 만약 유튜브 출연아동에게 발생하는 학대 유형을 단일 학대, 중복 학대 등의 요소를 파악하고 싶다면 이를 코딩 요소에 추가할 수 있다. 참고로, 모니터링을 진행하는 과정에서 학대 상황이 명확한 장면이 등장하는 분과 초를 기록한다면 해당 장면을 쉽게 찾아 재모니터링 할 수 있다.

Tip 1차 모니터링과 최초 내용분석 코딩북 작성 예시

아래 예시는 유튜브 출연 아동의 ASMR 먹방 영상에서 발생한 아동학대 장면을 1차 모니터링을 통해 분석한 사례이다.

영상 속에서 아동은 자신의 의사를 자유롭게 표현하지 못한 채 기름지고 매운 음식을 먹으며 촬영을 지속한다. 중간에 아동은 "이건 핫치킨이 아니라 그냥 매워요, 어우야"라고 말하며 괴로워하는 모습을 보이는데, 너무 매운 음식 탓에 얼굴을 찡그리며 두 팔로 머리를 감싸는 행동을 한다. 이 과정에서도 보호자 및 제작자는 아동의 고통을 무시한 채 촬영을 지속한다. 이러한 상황은 신체학대와 정서학대, 방임의 사례로 분석될 수 있다. 연구자는 학대 장면을 캡쳐하여 '학대 폴더'에 저장하고, 엑셀 파일에 영상의 몇 분 몇 초에서 학대가 발생했는지, 신체학대와 정서학대, 방임이 각각 어떻게 나타났는지 구체적으로 기록해야 한다.

또한, 해당 채널의 다른 영상에서는 "애들 먹이고 먹방 찍을려고 하지 말고 젓가락질부터 가르쳐라 부모 없는 애XX 같으니까…"라는 욕설이 섞인 악플이 달린 사례도 있었다. 유튜브 정책상 아동 출연 영상에는 댓글이 제한되어야 함에도 불구하고, 보호자 및 제작자가 이를 준수하지 않아 아동이 악플에 노출되는 정서학대 상황이 발생했다. 연구자는 해당 댓글을 그대로 캡처하거나 복사하여 정서학대 데이터로 기록할 수 있다.

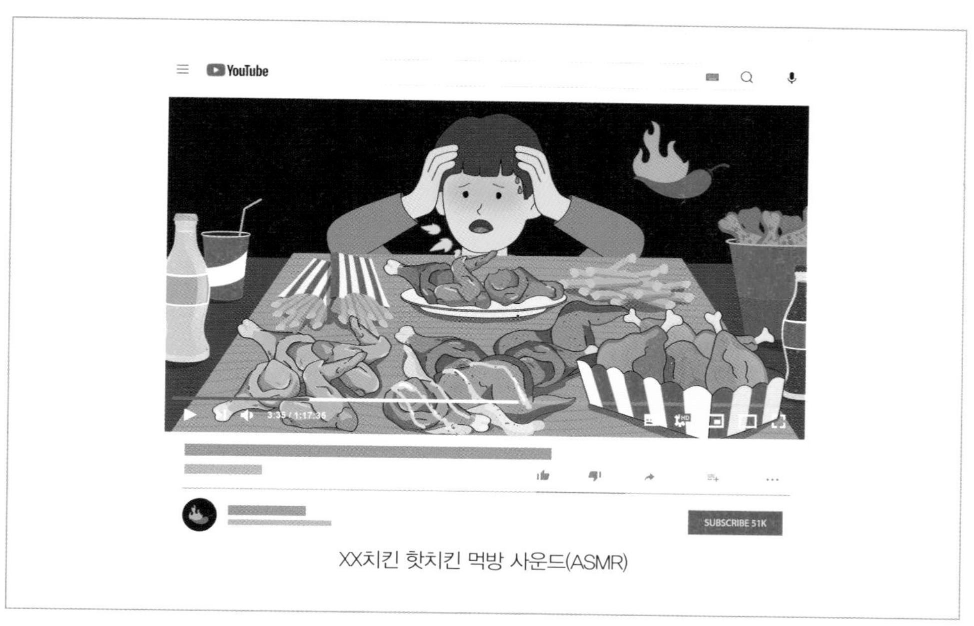

XX치킨 핫치킨 먹방 사운드(ASMR)

영상제목	url	신체학대	정서학대	방임	학대 내용
00치킨 핫치킨 먹방 리얼사운드 ASMR Mukbang Korea EATING Show REAL SOUND	https://www.youtube.com/watch?v= [illegible]	1	1	1	악플은 아니고 걱정댓글 '너 건강챙겨 살빼고 체소먹고 기름진거 많이먹지말고 짜게먹지마 조금은 괜찮은데 많이먹으면 건강에 않좋을수도있어 알겠지?' 아무말 없이 먹기만 함. 말을 하더라도 먹는 치킨 브랜드명과 맛에 대한 이야기뿐임(6분 54초경) "이건 핫치킨이 아니라 그냥 매워요, 어우야"하면서 괴로워하면서 촬영 지속. 6분 57경 아동이 치킨 두개를 국자에 넣고 입에 한꺼번에 넣는 모습이 등장함. 괴롭게 먹고 난후에 "이영상이 마음에 드셨다면 구독과 좋아요 꾹꾹"하면서 구독수를 구걸하는 행위를 시킴. 아동에게 매운음식을 장시간 섭취시킴(신체학대), 아동이 매워서 괴로워하는데도 촬영을 중단하지 않아 감정을 억압함(정서학대), 매운 아동을 돕기위해 촬영을 중단하지 않거나 물 등을 가져다 주지 않음, 구독수와 조회수를 구걸하는 행위를 시킴(방임).

아래 내용은 함께 연구한 공동연구자가 1차 모니터링을 진행한 후에 작성한 분석 내용이다. 분석 내용에서는 출연 아동을 옆에 세워두고 악플을 읽어주는 부모의 모습이 정서학대 사례로 관찰되었다.

no	채널	제목	일자	콘텐츠 종류	조회수	영상 주요내용	아동학대 유형			해석	url
							신체적	정서적	방임		
160	A채널	밤 12시 침대에서 댓글읽기	2018.1.26	악플읽기	247876	밤 12시 침대에서 댓글 읽기 당시 하루에 댓글이 3000개, 4000개 달렸다고. 그중 악플을 소개하며 "악플을 보면 다크서클이 생기는 것 같고 힘이 쭉 빠진다"(4분 30초) "이렇게 욕을 그냥 완전 퍼붓는 그런 댓글도 있습니다 여러분"(4분 50초) "000 XXX 봐봐요 패드립 치죠"(5분 6초) 당시 영상에 노출되는 댓글에는 병신, 시발 등신 바보야 너 장애인이야 미친 등등의 말이 써있음. "진짜 이런 악플 보니까 쭉 빠지네요 힘이"(5분 58초) 발언 중 당시 만든 "영상이 짧았지만 정말 긴 시간 동안 열심히 만들었어요"(3분 33초) 000은 한달 평균 30.5개 콘텐츠 어보드. 000TV에는 악플읽기 콘텐츠가 다수 있음.		○	○	악플읽기는 아동에게 정서적 상처가 되므로 노출되지 않게 댓글정책을 준수하여 차단해야 함. 그러나 댓글 정책을 준수하지 않아 악플에 노출되게 했을 뿐만 아니라(방임우려) 아동 앞에서 큰 소리로 읽어 정서적으로 상처를 주고 있음(정서적 학대 우려)	https://www.youtube.com/watch?v=[illegible]

두 가지 분석 사례를 살펴보면 영상 제목, 내용, 업로드 일자, 학대 유형 분류 등 분석의 큰 틀에서는 유사한 접근을 보이지만, 한 연구자는 영상 조회수를 수집했으나, 다른 연구자는 이를 기록하지 않는 등 세부적인 데이터 수집 방식에 차이가 있었다. 이러한 차이는 1차 모니터링 결과를 공유한 후 최종적으로 연구 대상으로 수집할 데이터를 정례화하는 과정을 통해 조율할 수 있다.

참고로 저자는 1차 모니터링 이후 공동저자가 수집한 조회수 데이터를 수집하였다. 아동학대적인 소재를 다룬 영상이 유튜브의 경제적 수익 지표 중 하나인 조회수에 어떻게 영향을 미치는지 확인하기 위해서다. 분석 결과, 학대적인 콘텐츠가 많다고 사람들의 관심을 끌어 높은 조회수를 기록하지 않았다. 이를 통해 유튜브 플랫폼이 아동학대 콘텐츠와 같은 자극적인 영상을 촬영한다고 해도 경제적 수익을 보장해주지 않음을 확인할 수 있었다. 이처럼 1차 모니터링을 통한 개방코딩 이후 연구자들간의 의사소통 및 상호비교를 통한 내용분석 코드북 작성 과정은 연구주제에 따른 해석을 더욱 풍부하게 해준다.

(2) 코딩 훈련 실시

코더들이 관련이 없는 정보를 코딩하거나 불필요한 의문을 제기할 경우 코딩 과정에서 제외하도록 명확히 안내해야 한다. 코딩의 정확성을 위해 분석 대상으로 선정된 영상 중 20~30개를 무작위로 선별하여 연습 코딩을 진행하는 것도 좋은 방법이다. 이렇게 연습 코딩된 데이터를 매트릭스로 정리하면, 특정 변인 혹은 코더의 문제점을 파악하는 데 용이하다(윤영민, 2019).

이 과정은 코딩의 일관성을 확보하고 연구자의 편향을 최소화하기 위한 필수적인 절차이다.

(3) 영상 내용분석 코딩북 확정

연구자들은 1차 모니터링 결과를 정리한 내용들을 함께 공유하고, 본격적으로 영상분석이 진행되는 2차 모니터링 과정에서 어떤 영상 특성을 중점적으로 코딩할지를 결정해야 한다.

1차 모니터링 결과에 대한 논의 과정에서 연구자들은 연구 주제와 관련된 영상의 주요 요소들의 공통적 속성을 발견하게 된다. 그 예로, 연구자들 모두가 ASMR 먹방 콘텐츠는 아동에게 장시간 맵고 자극적인 음식을 섭취시키고(신체적 학대), 아동의 정서적 표현을 억압하며(정서적 학대), 아동이 먹기를 괴로워해도 촬영을 지속하여 방치(방임)하고 있음을 확인한 것을 들 수 있다. 혹은 다른 연구자의 1차 모니터링 결과 및 개별 코딩북을 공유하면서 미처 생각하지 못했던 영상 특성의 주요 요소와 주제를 발견할 수도 있다. 예컨대, 보호자가 아동의 행동을 조종하거나, 시청자 댓글에서 나타나는 학대적 반응 등이 새롭게 발견되면서 2차 모니터링을 위한 새로운 코딩 요소로 추가될 수 있다.

연구자들은 논의와 공유 과정을 반복하면서 내용분석 코딩북을 점차 구체화하고 확정해 나간다. 연구자들은 각자 작성한 코딩북을 상호 비교하고 검토하며, 아동학대 유형과 내용을 점점 더 체계적으로 정의하고 명확히 할 수 있다. 이와 같은 연구자들 간의 협업과 반복적인 논의를 통해 도출된 최종 코딩북은 연구의 타당성과 신뢰성을 높이는 중요한 기반이 된다.

연구자들이 각자 작성한 코딩북을 공유하며 내용분석 코딩북을 점차 구체화하고 확정해나가는 과정에서 주요하게 논의한 내용은 다음과 같이 기록되었다.

594 아동과 권리 24(4)

그런데 일부 동영상의 경우 아동학대 내용을 개념화하고 분류하는 과정에서 몇 가지 어려움이 있었다. 동영상에서 아동에 대한 학대가 이루어지고 있음에도 보호자가 그 사실을 인지하지 못하고 촬영을 진행하는 것 자체가 방임에 포함되어야 하지 않는가에 대한 논의가 그 예에 해당한다. 또한 촬영 과정에서 아동이 불편감을 표현하지 않더라도 청소년이나 그 후가 되었을 때 느낄 수 있는 정서적 상처에 대해서는 정서적 학대라고 명명하지 못한다는 점도 논의점이 되었다. 유튜브 콘텐츠의 경우 아동이 성장하고 나서도 영상검색이 가능하고 창작자가 삭제해도 복사와 배포가 이루어져 영상들이 주변인들에게 계속 노출될 수 있다. 이와 관련한 스트레스는 아동이 성장하는 과정 중 불쑥 나타나 아동의 마음에 상처를 줄 수 있음에도 영상에서 아동이 싫다는 표현을 하지 않았다는 이유로 본 연구에서 정서적 학대로 명명되지 못하였다.

또 아동에게 화장을 시키거나 네일케어를 하는 뷰티 콘텐츠는 아동을 성역할 고정관념에 노출시키고 성인과 아동의 경계를 모호하게 하는 등 부정적인 영향을 끼칠 수 있다. 그러나 이 콘텐츠가 아동에게 어떤 방식으로 영향을 줄 수 있는지 예측할 수 없어 아동학대 분류에 대한 이견이 있었다. 이러한 어려움에도 불구하고 모니터링을 진행한 세명의 연구자는 유튜브에서 발생하고 있는 아동학대의 심각성에 대해 공통으로 인식하였다.

출처: 강희주, 정익중. (2020). 아동 출연 유튜브에 나타난 아동학대 현황.

(4) 영상 내용분석 준거틀(코딩북) 종결

내용분석 준거틀(코딩북)의 완성 시점은 코딩 요소가 포화 상태에 도달했을 때, 즉 영상 분석에 필요한 모든 코딩 내역이 포함되어 연구자들이 더 이상 새로운 코딩 요소를 추가하거나 의문을 제기하지 않을 때이다 (Krippendorff, 2018). 이 시점은 코더들이 준거틀(코딩북)을 완벽히 이해하여 영상 분석 과정에서 혼란이나 불확실함 없이 일관되게 분석을 수행할 수 있을 때 도달한다.

유튜브 영상 내용분석 준거틀을 확정하는 과정은 연구자 전원이 동의할 수 있는 수준에 이를 때까지 진행된다. 이는 특히 코더 간 신뢰도가 1(완전 일치)에 가까워질 때까지 반복적인 검토와 논의를 거쳐야 함을 의미한다. 일반적으로 연구 초기에 코더 간 신뢰도 목표치는 0.7(70%) 이상으로 설정된다. 초기 단계에서 목표치에 도달하지 못하더라도, 코딩 지침을 보완하고 코더 간 협의를 통해 점진적으로 일치도를 향상시킬 수 있다.

따라서, 최종 준거틀(코딩북)은 코딩 요소의 포화 상태와 함께 코더 간 높은 신뢰도를 달성한 상태에서 확정된다. 이는 연구 결과의 타당성과 신뢰성을 보장하는 핵심 단계로, 연구자 간 반복적 논의와 코딩 지침의 지속적인 수정을 통해 이루어진다.

내용분석 준거틀(코딩북) 확정을 위한 연구자들의 지속적인 의사결정 과정

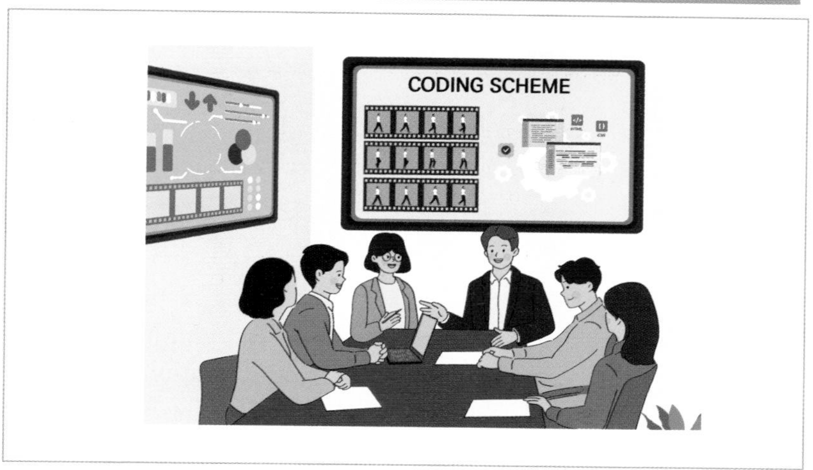

Tip 코더 간 신뢰도(ICR: Intercoder Reliability)

코더간 신뢰도(ICR)는 서로 다른 코더들이 데이터를 어떻게 범주화하는지에 대한 일치도를 측정하는 지표로, 데이터를 분류하는 방법에 대한 다양한 코더 간의 합의(agreement) 척도이다(Feng, 2014). 코더 간 신뢰도는 질적 분석의 일관성과 접근성을 높이는 것을 목표로 한다.

일부 ICR 비판가들은 질적연구는 연구자의 주관적 해석과 다양한 관점을 중시하므로 질적연구에 ICR과 같은 양적 기준을 강요해서는 안된다고 주장한다. 비판자들은 또한 ICR에 집중함으로써 본질적인 분석보다 높은 ICR을 달성하는 데 중점을 두는 위험이 있다는 우려도 제기한다. 이러한 논쟁에도 불구하고 찬성론자들은 질적 분석을 효과적으로 평가하는 방법에 대한 기존 지침이 부족하므로 ICR을 권장할 필요가 있다고 주장하며, ICR 평가는 코딩 과정의 체계성, 의사소통 가능성, 투명성을 높일 수 있으며,

연구팀 간의 반성적 사고와 대화를 촉진하고, 다양한 청중에게 분석의 신뢰성을 입증하는 데 도움이 되는 등 ICR 평가의 이점을 강조한다.

ICR은 질적연구의 엄밀성과 투명성을 높일 수 있는 가치 있는 품질 기준이지만 모든 연구에 적합한 것은 아니다. 질적 분석에 ICR을 포함할지 여부는 연구 주제와 목적 등 주요 정보에 입각한 결정을 내려야 하며, 궁극적으로 ICR 평가가 연구의 질과 수용성을 향상시키는 데 목적이 있도록 수행해야 한다.

▶ 코더 간 신뢰도(ICR) 계산방법

⋆ ICR 계산 방법

연구자들은 코더 간 신뢰도를 계산하기 위해 여러 방법을 사용할 수 있다. 가장 일반적인 방법 중 하나는 코더들이 동일한 코드로 표시한 데이터 단위의 비율을 계산하는 것이다. 예를 들어, Miles와 Huberman(1994)은 코더 간 일치 횟수를 일치와 불일치 횟수의 합으로 나누는 방식을 제안했다.

⋆ 퍼센티지 방식의 한계

그러나 단순 퍼센티지 방식은 우연히 일치하는 경우까지 포함되기 때문에, 실제보다 높은 신뢰도 수치가 나올 수 있다(Hallgren, 2012; Lombard et al., 2002). 이로 인해 이러한 방식은 엄격한 분석에는 적합하지 않다고 여겨져, 신뢰도 검증에 사용되지 않는 경우가 많다.

⋆ 통계 소프트웨어를 활용한 신뢰도 계산

더 정확한 방법은 코딩된 데이터를 SPSS와 같은 통계 소프트웨어로 내보내어 계산하는 것이다. 일부 질적 분석 소프트웨어는 데이터를 바로 통계 프로그램으로 변환할 수 있지만, 그렇지 않은 경우 CSV 파일로 먼저 저장한 후 불러와야 한다. 데이터가 통계 소프트웨어에 입력되면, 파일을 병합한 뒤 소프트웨어 기능을 활용해 각 코드에 대한 신뢰도 통계를 계산할 수 있다.

⋆ 신뢰도 결과 해석과 조정

신뢰도 결과를 해석할 때는 미리 정한 기준에 따라 평가해야 한다. 만약 기준에 미치지 못하는 코드가 있다면, 팀에서 불일치를 검토한 후 해당 코드를 수정하거나 제거할지 결정할 수 있다.

출처: O'Connor, C., & Joffe, H. (2020). Intercoder Reliability in Qualitative Research: Debates and Practical Guidelines.

코더 간 신뢰도(ICR)를 검증하는데 활용되는 통계 소프트웨어

코더 간 신뢰도(ICR)를 검증하는 데 실제로 사용되는 여러 통계 소프트웨어가 있다. 대표적인 프로그램과 그 기능은 다음과 같다.

⋆ SPSS

SPSS는 ICR 계산에 자주 사용되는 소프트웨어로, 특히 Cohen's Kappa와 Krippendorff's Alpha 등 주요 신뢰도 측정 지표를 지원한다. SPSS에 데이터를 입력한 후 코더 간 일치 정도를 비교하는 지표를 선택하여 분석을 진행할 수 있다. 이때 코딩 데이터는 코더별로 정리된 CSV 파일로 준비하고 SPSS에서 파일을 병합하여 분석한다.

⋆ NVivo 및 MAXQDA(질적 분석 소프트웨어)

NVivo나 MAXQDA와 같은 질적 분석 소프트웨어는 코더 간 신뢰도 분석 기능을 포함하고 있어 데이터를 직접 코드화하고 ICR을 계산할 수 있다. 예를 들어, NVivo에서는 코더 간 일치도를 확인하는 기능이 있으며, 이를 통해 Kappa 값을 계산할 수 있다. 이 소프트웨어들은 SPSS로 데이터를 내보내어 보다 정교한 통계 분석을 수행할 수도 있다.

⋆ R(irr 패키지)

R의 irr 패키지는 다양한 신뢰도 지표를 제공하여 데이터 분석에 유용하다. 특히 Krippendorff's Alpha와 같은 지표를 계산하는 기능이 있어 코딩 일치도를 정교하게 측정할 수 있다. R은 무료 오픈소스 소프트웨어이기 때문에 접근성 면에서 많은 연구자들에게 유리하다.

⋆ Excel

Excel 자체에는 고급 통계 분석 기능이 없지만 단순한 퍼센티지 일치도를 계산하거나 데이터를 정리하는 초기 단계에서 유용하게 활용될 수 있다. 코딩 일치도를 퍼센티지 방식으로 확인하거나 데이터를 준비하는 데 사용될 수 있으며, 이후 SPSS나 R 등 다른 소프트웨어로 전환할 수 있다.

(5) 영상 내용분석 준거틀(코딩북)의 분량 조절

영상분석 과정에서 코더들의 집중력을 유지하기 위해서는 내용분석 준거틀(코딩북)의 분량이 적절히 조절되어야 한다(Riff, Lacy, & Fico, 2005). 지나치게 길거나 복잡한 코딩북은 코더들의 이해와 활용을 어렵게 만들어 코딩의 일관성과 정확성을 떨어뜨릴 수 있다.

준거틀(코딩북)은 명확하고 간결하게 작성되어야 하며, 분석을 수행하는 연구자뿐만 아니라 연구를 읽는 독자들도 이해하기 쉬워야 한다. 이를 통해 준거틀의 명료성과 정확성을 보장함으로써 연구 과정에서의 혼란을 최소화하고, 분석의 재연 가능성을 확보할 수 있다. 또한, 코딩북의 항목은 연구 주제와 밀접히 연관된 핵심 요소에 초점을 맞추어야 하며, 불필요하거나 지나치게 세부적인 항목은 배제해야 한다. 이렇게 분량을 적절히 조정함으로써 연구자들은 코딩 과정에서 효율성을 높이고, 코딩 지침에 대한 신뢰도를 향상시킬 수 있다.

(6) 분석 과정에 대한 기록

유튜브 영상 내용분석에서 객관성, 재연 가능성, 체계성을 갖추는 것은 연구의 신뢰도와 타당도를 확보하는 데 필수적이다. 이를 위해 연구자들은 내용분석 준거틀(코딩북)을 설정하고 수정해 나가는 모든 과정을 상세히 기록하고 체계적으로 기술해야 한다.

먼저, 1차 모니터링을 통해 도출된 초기 코딩 항목과 이를 바탕으로 작성된 준거틀 초안을 기록하고, 각 항목이 연구 주제와 어떤 관련이 있는지 명시해야 한다. 이후 연구자 간 논의를 통해 준거틀 항목을 수정하거나 보완한 사례, 수정의 근거 및 불필요한 항목을 제거한 과정을 구체적으로 기술한다. 코더 간 신뢰도 측정 결과와 초기 일치율도 기록하며, 신뢰도를 높이기 위해 코딩 항목을 재정의하거나 지침을 명료화한 조치를 포함한다. 최종적으로 신뢰도가 개선된 결과와 이를 통해 확정된 코딩북 내용을 작성한다.

2) 2차 모니터링과 코딩

내용분석 준거틀(코딩북)이 확정되면, 연구자들은 이를 숙지한 후 2차 모니터링을 통해 실제 코딩을 진행한다. 영상 분석 과정에서는 준거틀(코딩북)을 항상 참고하며, 주관성을 철저히 배제하고 규정된 기준에 따라 코딩한다.

(1) 코딩 차원 최종 설정하기

코딩은 분석 대상 영상에서 코딩 요소가 발견될 경우 '1', 발견되지 않을 경우 '0'으로 기록하는 방식으로 진행된다. 단, 필요에 따라 코딩의 차원을 확장할 수도 있다. 코딩이 영상에서 발견되는지 여부를 판단하는 이원적 코딩이 아닌, 그 이상의 차원적 코딩이 진행될 수 있다. 예를 들어, 특정 행동의 빈도나 강도를 평가해야 한다면, 매우 적음 '1', 중간 '2', 매우 많음 '3'과 같이 다차원적으로 코딩할 수 있다. 분석 영상에 대한 분석이 모호한 영상의 경우 '9'로 코딩하여 분석이 모호한 이유를 적고, 연구자들과 논의하여 재코딩한다.

(2) 순환적, 유연적 코딩(수정, 검토, 재구성)

코딩 과정 중 논의 결과에 따라 준거틀(코딩북)의 요소가 추가, 삭제, 수정될 수 있다. 이러한 변경이 발생하면, 수정 이전의 준거틀로 코딩된 데이터를 새로운 준거틀에 따라 재코딩해야 한다. 이 과정은 분석의 타당성과 신뢰도를 높이는 데 중요하다.

(3) 코딩과정 기록하기

책임 연구자는 코더 간 신뢰도가 확보되는 과정을 철저히 기록하고, 연구자들이 주관성을 배제한 상태에서 내용분석 준거틀(코딩북)에 따라 일관되게 코딩하도록 관리해야 한다. 논의가 필요한 경우 이를 주도하며, 코딩 과정에서 발생한 문제나 개선 사항을 체계적으로 기록한다.

(4) 코딩재교육과 재모니터링을 통한 신뢰도 점검

2차 모니터링 과정에서 연구자 간 코딩이 모호하다면, 그 원인을 분석하고 논의해야 한다. 특정 코더의 가치관이나 편견으로 인해 코딩 결과가 일관되지 않다면, 이를 배제하기 위한 코딩 교육을 진행해야 한다. 만약 교육만으로도 개선이 어렵다고 판단되지 않는 한, 교육 이후 모니터링을 재개하고 신뢰도를 점검한다. 코딩 교육과 반복적인 논의를 통해 연구자 간 신뢰도를 지속적으로 향상시키는 것이 중요하다.

3) 코딩 신뢰도 및 사회타당도 확보와 코딩 종결

2차 영상분석은 내용분석 준거틀(코딩북)을 기반으로 여러 차례 삼각 검증 과정을 거쳐, 코더 간 의견이 일치하여 신뢰도가 1에 도달할 때까지 진행된다. 단, 코더 간 신뢰도가 1에 도달하기 위해서는 단 한 번의 분석만으로는 불가능하며, 2회, 3회 혹은 그 이상의 반복 분석이 필요하다. 이러한 반복 과정은 코딩의 체계성, 연구자 간 의사소통, 연구 투명성을 개선하며, 연구의 신뢰도와 타당도를 높이는 데 기여한다(O'Connor & Joffe, 2020).

신뢰도 확보와 더불어 사회타당도(social validity) 역시 중요한 요소로 고려된다. 이는 유튜브를 시청하는 일반 대중, 해당 주제를 이해하고 있는 시민이나 전문가에게 연구 결과가 명확히 전달되고, 그 의미가 공감될 수 있는지 확인하는 과정이다. 사회타당도는 연구자가 개발한 내용분석 범주가 학계를 넘어 사회 전반에서 가지는 적절성과 의미를 평가하는 기준으로, 연구의 타당도를 결정짓는 중요한 요소이다(Riff, Lacy, & Fico, 2005). 비록 코더 간 신뢰도가 1에 도달했다 하더라도, 연구 결과가 특정 분야의 지식이나 가치관에 치우쳐 일반 대중이 공감하지 못한다면 연구의 사회적 타당도는 낮아질 수 있다(윤영민, 2019). 이 경우, 연구자는 다시 영상분석과 준거틀로 돌아가 재검토와 수정 과정을 반복해야 한다. 이는 연구 결과의 신뢰도와 사회적 타당도를 모두 확보하기 위한 필수적인 순환 과정이다.

저자는 디지털 환경 내 아동 인권 모니터링 프로젝트에 참여하여 분석한 영상과 아동학대 해석 결과를 아동들과 공유하는 과정을 거쳤다. 해당 연구를 학술대회에서 발표해 다른 연구자들의 코딩에 대한 의견도 취합했다. 이를 통해 아동들과 동료연구자들이 연구자와 동일하게 아동학대 유형을 인식하고 있는지 확인함으로써 분석 결과에 대한 사회타당도를 강화할 수 있었다. 이러한 과정은 영상 내용분석 연구의 엄격성과 신뢰성을 확보하는 데 기여하였다(Morse et al., 2002).

영상 내용분석 결과에 대한 삼각검증과 신뢰도 및 타당도 확보

5. 연구 결과 제시

1) 코딩 수량화와 빈도분석

코딩 결과를 분석하기 위해 기술통계를 활용하여 빈도와 평균값 등을 계산하고 이를 통해 연구 질문에 대한 답을 수량화할 수 있다. 빈도분석은 연구 주제와 관련된 현상의 분포와 강도를 비교하는 데 유용하며, 특히 콘텐츠 유형이나 채널별 차이를 명확히 드러내는 데 효과적이다.

예를 들어, 유튜브에서 발생한 아동학대 사례의 빈도와 평균을 콘텐츠 유형이나 채널별로 비교하거나, 유튜브에서 관찰된 아동학대 빈도를 오프라인에서의 아동학대 통계와 비교할 수 있다. 이러한 비교는 유튜브와 실제 사회적 현상 간의 연관성을 탐구하고, 연구 결과를 보다 풍부하게 해석하는 데 기여할 수 있다. 코딩 결과의 수량화와 빈도분석은 연구의 체계성과 객관성을 확보하며, 유튜브 영상분석 결과를 구체적으로 제시하는 데 중요한 역할을 한다.

일부 연구자들은 내용분석을 통해 추론통계를 적용할 수 있다고 주장하기도 하지만, Shoemaker, Tankard, & Lasorsa(2004)는 유튜브 영상분석 결과를 모집단의 일반적인 경향으로 확대하는 것은 논리적 오류를 범할 가능성이 있다고 지적한다. 이에 따라, 본 연구에서는 추론통계보다는 빈도분석과 같은 기술통계 방식을 추천한다.

2) 주제분석과 인용문 제시

(1) 주제분석에서 편견 없는 접근과 귀납적 연구의 중요성

연구자는 분석 결과에서 도출된 주요 주제를 범주화하고, 해당 주제를 대표하는 영상 특성을 생생한 인용구와 함께 서술해야 한다. 이 과정에서 연구자는 자신의 편견을 배제하고 코딩 결과를 있는 그대로 바라보아야 하며, 이를 통해 독특한 패턴과 배경을 발견할 수 있다. 이러한 접근은 '목표 없는 평가'를 통해 데이터로부터 이론과 개념을 개발하는 귀납적 연구의 방법론과 일치한다(Scriven, 1991). Miles와 Huberman(1994)은 연구자가 자신의 개념적 틀을 염두하되, 예상치 못한 데이터에도 스스로를 열어놓고 학습할 수 있어야 한다고 강조했다.

"도전은 당신의 연구의 목적과 당신이 그것에 대해 훈련하고 있는 개념적 렌즈를 명시적으로 염두에 두는 것이다 – 중략 – 동시에 당신이 알지 못하거나 찾을 것으로 기대하지 않았던 것들에 의해 자신을 열고 재교육할 수 있도록 허용하는 것이다. (56쪽)"

(2) 효과적인 유튜브 영상 주제분석을 위한 데이터 필사와 정리 과정

연구자는 특정 주제에서 반복적으로 나타나는 패턴과 배경을 발견하면 새로운 엑셀 시트를 만들거나, 메모 내용을 정리할 문서를 만들어 영상의 특성을 상세히 기록해야 한다. 오디오 녹음, 출연자의 음성 필사, 영상의 시각적 특징, 주변 환경과 맥락 등을 필사하며 데이터에서 중요한 패턴을 메모로 정리한다. 분석의 효율성을 높이기 위해 반복적으로 나타나는 특성이나 패턴을 주제별로 범주화하고, 코딩한 엑셀파일에 눈에 띄도록 강조 표시를 해둘 수 있다(Tuckett, 2005).

이 과정은 연구 주제를 잘 반영하는 영상을 추려내고, 연구 목적과 무관한 데이터를 제외함으로써 분석을 간결하게 만든다(Lamba et al., 2022). Thomas(2006)는 이 과정의 목표를 '특정 결과를 지시하는 대신 기록물에서 중요한 데이터를 추출하도록 안내하는 것'이라고 설명했다. 즉, 유튜브 영상 주제분석은 연구문제를 명확히 반영하며 통찰력 있는 대답을 제시할 수 있는 데이터를 선택하여, 핵심을 관통하는 분석을 제공하는 데 초점을 맞춰야 한다.

효과적인 유튜브 영상 주제분석은 모든 세부 사항을 분석 대상으로 포함하는 게 아니라 연구문제 및 목적을 관통하는 영상 내용, 즉, 연구 문제에 가장 통찰력 있는 대답을 전달해주는 영상과 그 특성을 선택하여 집중적이고 이해하기 쉬운 내용으로 정리하는 것이다.

(3) 연구의 반성성 실천과 인용문 선택의 중요성

논문 작성 시 인용문은 데이터 내에서 강력한 패턴을 상징하며 분석 대상 전체를 통합하는 포용성을 보여주어야 한다. 이를 위해 연구자는 데이터 분석 과정뿐만 아니라 연구 전반에서 자신의 신념, 가치, 가정을 지속적으로 검토하며 반성성을 실천해야 한다(Jackson & Mazzei, 2012). 반성성 실천은 연구자가 특정 이론적 관점에 치우쳐 데이터를 해석하지 않도록 하며, 반성적 글쓰기나 메모를 통해 이러한 편향을 자각하고 수정하는 데 도움을 준다. 결과적으로, 이러한 접근은 유튜브 영상 분석 데이터를 신뢰성과 타당성을 갖춘 형태로 정리하고, 선택한 인용문을 통해 분석 결과를 설득력 있게 제시하는 데 기여한다.

3) 연구 결과 및 해석

해석 단계는 연구 문제에 대한 답을 도출하고, 연구 결과의 이론적 · 사회적 의미를 종합적으로 논의하는 과정이다. 이 단계에서는 코딩과 주제분석을 통해 얻은 결과를 바탕으로 연구 질문에 대한 구체적인 답을 제시하고, 이를 사회적 맥락에서 해석하여 연구의 기여점을 명확히 드러낸다.

연구 결과가 사회적 타당도를 확보했다면, 유튜브 플랫폼에서 발생하는 현상들을 설명하는 새로운 이론 정립에 기여할 수 있다. 또한, 유튜브가 우리 사회에 미치는 영향을 탐색하여, 유튜브를 포함한 디지털 환경에 제도적 · 법적 개입의 필요성을 강조하는 근거로 활용할 수 있다. 예를 들어 유튜브 안에서 발생하는 아동학대와 같은 사회적 문제를 분석한 연구라면, 연구 결과를 통해 디지털 환경에서 출연 아동을 보호하는 법률 및 정책 수립의 필요성을 설득력 있게 제안할 수 있다.

이처럼 해석 과정에서는 연구의 학문적 가치뿐만 아니라 실천적 차원에서의 기여점을 깊이 이해하고 정책적 논의를 이끌어내야 한다. 또한, 연구 결과가 제기한 새로운 질문이나 한계를 바탕으로 후속 연구 과제를 제시함으로써 연구의 연속성과 발전 가능성을 도모해야 한다.

Tip 신뢰도와 타당성을 보장하는 유튜브 영상 분석의 순환적 과정

유튜브 영상분석 결과의 신뢰도와 타당도 확보를 위한 연구 과정이 순차적으로 그려졌지만 실제로는 단계를 오고 가는 순환적 성격을 가진다.

어떤 단계가 어느 단계로 순환하는지는 연구 진행 상황마다 달라지는데, 그 예로 새로운 영상 특성이 발견되어 코딩 요소를 추가해야 할 때 연구 주제에 대한 조작적 정의가 추가되고 재코딩을 실시해야 한다. 코딩의 차원이 두 개가 아닌 세 개, 네 개가 됨을 발견하여 분석한 영상을 재코딩 해야 할 수도 있으며, 연구자들 간의 코딩 일치도가 낮아 코더 재교육 이후 다시 모니터링으로 돌아가는 경우도 발생할 수 있다. 이처럼 신뢰도와 타당도가 보장된 유튜브 영상에 대한 정성적 분석은 본질적으로 체계적이고 조직적이며 반복적이다(Ravitch & Carl, 2019).

CHAPTER 05 ▶ ⏭

유튜브 텍스트 데이터 연구하기

텍스트 데이터 정리 및 정제

1) 텍스트 데이터 변환 시 유용한 도구 활용
2) 텍스트 데이터 변환 작업
3) 텍스트 데이터 정리
4) 텍스트 데이터 정제
5) 연구 대상 선정 시 데이터 다양성 확보의 중요성
6) 텍스트 데이터 보완을 위한 비언어적 정보의 통합적 접근

텍스트 분석 방법

1) 반복적인 영상 관찰을 통한 발화 분석
2) 분석 과정과 방법
   (1) 포괄분석
   (2) 의미단위 분석
   (3) 패턴분석
   (4) 범주분석
   (5) 주제분석

연구결과 및 해석

1) 텍스트 데이터의 해석과 연구자의 역할
2) 내부자적 및 외부자적 접근을 통한 주제 해석
3) 다차원적 분석을 통한 유튜브 콘텐츠의 의미 파악
4) 연구 대상 및 데이터의 특수성 고려
5) 텍스트 데이터 분석의 타당도 확보

유튜브 텍스트 데이터 분석 프로세스

1. 유튜브 텍스트 데이터의 연구 목적과 주제 선정

유튜브 텍스트 데이터를 분석하는 연구를 수행하기에 앞서 연구 목적과 주제를 선정하기 위해 선행연구를 검토해야 한다. 이 단계를 통해 연구자는

자신의 연구가 학문적 맥락에서 어디에 위치하는지를 명확히 하고, 기존 지식과 이론적 논의와의 연계를 파악할 수 있어 연구의 방향성을 구체화할 수 있다.

1) 선행연구 검토

유튜브 영상 속 발화를 텍스트로 전환하여 분석하기 전, 선행연구에 대해 비판적으로 검토하는 것은 연구자가 자신의 연구 목적과 필요성을 명확히 인식하고, 분석 대상과 범위 등 연구의 기준점을 설정하여 연구의 타당성을 높이는 데 도움이 되기 때문이다. 유튜브 텍스트를 자료 수집 대상으로 한 연구는 국외 · 국내를 포함하여 아직 많지 않지만, 유튜브 시장의 확장과 사용자 증가에 따라 관련 연구는 점차 늘어날 것으로 예상된다. 텍스트 분석을 수행할 때 선행연구 검토가 필수적인 이유는 다음과 같다.

(1) 연구 공백의 발견과 중복 연구 방지

선행연구를 검토하면 해당 주제와 관련된 기존 연구들이 다루지 않은 미해결 문제나 간과된 측면을 파악할 수 있다. 이는 연구자가 학문적 기여를 할 수 있는 구체적인 방향성을 제시하며, 새로운 연구 주제와 목적을 설정하는 근거가 된다. 선행연구를 면밀히 검토하지 않을 경우, 이미 수행된 연구와 유사한 주제를 반복할 위험이 존재한다. 선행연구 검토를 통해 연구자는 기존 연구와 차별화된 독창적인 연구를 수행할 수 있다. 그 예로, 저자는 연구를 수행하기 전 선행연구를 검토한 결과, 장애에 대한 자기 개방과 관련된 선행연구는 존재하지만, 소셜 미디어에서 콘텐츠를 통해 불특정 다수를 대상으로 자신의 장애를 공개하여 장애 문제를 사회적 이슈로 인식하도록 견인하는 역할을 분석한 연구는 아직 없음을 확인하여 연구의 공백을 발견할 수 있었다.

(2) 이론적 토대와 분석 틀 구축

연구는 단순한 경험적 관찰에 그치지 않고, 관련 이론과 개념과의 연계를 통해 체계적인 분석이 가능해야 한다. 선행연구 검토 과정에서 도출된 이론과 개념은 연구자가 연구 문제를 해석하고 분석하는 틀을 구성하는 데 활용된다. 이는 선행연구 검토를 통해 연구자가 사용할 분석 틀을 체계적으로 구성할 수 있어 연구 과정에서 자료를 해석하고 분석할 기준을 제공하여 연구의 일관성을 유지하도록 돕는다.

예를 들면, 장애 수용 이론을 토대로 기존 장애인의 장애 수용 경험과 유튜브 동영상을 통해 나타난 장애 수용 경험이 동일한지, 혹은 차이점이 있는지 연구하고자 한다면 분석 결과와 기존 선행연구의 비교를 통해 유튜브 동영상에 나타난 장애 수용 과정에 대한 이론적 틀을 제시할 수 있다.

(3) 연구 방법론 선택 기준 제공

선행연구를 통해 해당 분야에서 주로 사용되는 연구 방법과 분석 도구를 파악함으로써 연구 설계의 타당성과 신뢰성을 확보할 수 있다. 또한, 기존 연구에서 발생한 한계나 오류를 피할 수 있도록 연구 설계와 방법론을 개선할 수 있다. 그 예로, 2019년에 발표된 영국의 논문에서는 중증 정신 질환에 대한 동영상을 블로그에 게시하는 사람들의 경험을 탐색하며, 블로거의 발화를 IPA(Interpretative Phenomenological Analysis: 해석 현상학적 분석) 방법을 적용하였다. 저자는 이를 통해 유튜브 영상의 발화에 대한 질적연구 방법론의 적용 가능성을 확인하였다.

(4) 연구의 정당성 및 필요성의 뒷받침 근거

선행연구 검토를 통해 해당 주제에 대한 학문적 관심이 어떻게 발전해 왔는지를 파악함으로써 연구의 중요성과 타당성을 설득력 있게 설명할 수 있다. 이는 연구자가 제기하는 문제와 연구 목적이 지적 호기심을 넘어서 학문적 · 사회적 의의를 지닌다는 점을 증명해준다.

(5) 연구 질문 및 연구 결과 해석을 위한 비교 기준 제공

선행연구 검토는 연구자가 명확하고 타당한 연구 질문을 설정하고 기존 연구에서 다룬 주요 변수와 발견된 관계를 기반으로 새로운 가설을 도출할 수 있도록 한다. 또한, 기존 연구의 결과와 비교함으로써 새로운 연구의 결과가 지닌 의의와 차별점을 도출할 수 있다. 이는 연구자가 자신의 연구 성과를 보다 명확하게 설명하고 타당성을 높이는 데 유리하게 작용한다.

예를 들어, 저자는 '중도 시각장애 유튜버의 중도 실명 이후 장애수용 경험의 과정과 장애에 대한 인식의 변화 및 삶의 의미에 대한 재구성 경험을 탐색하는 것'을 연구의 목적으로 하였고, 이에 대해 "유튜브 영상 분석을 통해 살펴본 중도 시각장애 유튜버의 장애수용 경험은 어떠한가?"라는 연구 질문을 상정하였다.

(6) 이론적, 정책적 함의 도출

선행연구를 통해 축적된 이론적 논의와 정책적 제언을 참고함으로써 연구의 결과가 학문적 · 실무적 함의를 가질 수 있도록 방향을 설정할 수 있다.

(7) 연구 윤리적 고려 사항 파악

민감한 주제를 다룰 때, 선행연구 검토를 통해 해당 연구 분야에서 요구되는 윤리적 기준을 파악하고 준수할 수 있다. 기존 연구에서 발생한 윤리적 쟁점을 확인함으로써 연구자는 자신만의 윤리 지침을 정립할 수 있다.

2) 연구 목적 및 주제 선정

유튜브는 다양한 주제의 콘텐츠가 생성되고 공유되는 플랫폼으로, 이 과정에서 텍스트 발화(영상 속 대사)와 자막은 시청자에게 정보와 메시지를 전달하는 핵심 도구로 작용한다. 특히, 자막은 언어적 장벽을 극복하거나 청각적 정보의 보완 수단으로 사용되며, 발화는 시청자의 이해를 돕고 콘텐츠의 핵심 메시지를 전달하는 역할을 한다.

따라서 연구의 주요 목적은 이러한 텍스트 발화와 자막을 통해 콘텐츠의 맥락을 분석하고, 시청자의 의견이 어떻게 형성되는지 탐구하는 것이다. 이를 통해 디지털 미디어 환경에서 텍스트 기반의 커뮤니케이션이 정보 전달을 넘어, 기존 레거시 미디어에서 다루지 않았던 민감한 사회적 이슈나 특정 커뮤니티의 의견을 포함한 다양한 현상들을 어떻게 포착하고 반영하는지 이해할 수 있다. 나아가 유튜버가 콘텐츠를 매개로 시청자와 상호작용하는 방식을 분석하여, 유튜버가 전달하려는 메시지가 시청자들에게 어떤 방식으로 해석되고 공론화되는지 탐구할 수 있다.

연구의 주제는 연구 목적에 따라 결정되며 연구 질문이 구체화 될 수 있다. 또한, 유튜브 텍스트 데이터를 활용하여 연구 주제를 선정할 때에는 유튜브에서 자주 다루어지는 사회적 이슈, 문화적 트렌드, 사회적 운동과 캠페인, 정치 및 정책 관련 콘텐츠, 엔터테인먼트와 오락 콘텐츠, 리뷰 및 제품 평가 콘텐츠 등의 내용을 참조하여 주제를 선정할 수 있다. 특히, 텍스트 발화와 자막이 주로 활용되는 콘텐츠를 대상으로 하는 것이 유용하다.

(1) 연구 주제에 따른 영상 선정 기준

연구 주제에 따라 유튜브 채널을 선정하거나 주제에 따른 영상만을 선별하여 연구할 수 있다. 채널을 선정할 때에는 채널의 모든 영상을 추출했는지 또는, 특정 선별 기준에 따라 영상을 선정했는지 연구에서 독자들이 파악할 수 있도록 명확히 기술한다. 특히, 동영상 유형 중 '쇼츠' 영상을 제외할 수 있는데 쇼츠 영상의 경우, 짧은 길이로 인해 연구자의 주관적 해석이 개입될 가능성이 높기 때문이다. 유튜버와 시청자 간 생생한 상호작용을 분석하기 위해 라이브 영상만을 분석 대상으로 삼을 수도 있다. 이처럼 영상 선정 방식은 연구 주제에 따라 달라질 수 있다.

저자의 경우 "영상의 추출 기준은 2022년 12월 31일까지 약 1년 이상 지속적으로 영상을 업로드하고 있는 채널이며, 업로드 된 영상 중 장애 발생 당시 상황 묘사, 장애 이후 삶의 변화, 장애수용 경험을 이야기하는 영상이 포함된 채널을 선정하였다."로 설명하였다.

채널명	성별	연령	장애 발생 영령	총 영상	최종분석 영상수/ 시간	채널 및 영상 선정 기준
원샷 한솔 Oneshot Hansol	남성	31세	18세	542개	24개/ 3시간 42분	(채널 선정) – 1년 이상 영상 지속적 업로드 – 장애 발생 상황 묘사, 장애 이후 삶의 변화, 장애수용 경험의 내용 포함
우령의 유디오	여성	26세	14세	191개	13개/ 2시간 3분	(영상 선정) – 2019. 10. 4. ~ 2022. 12. 31. 업로드 된 영상(쇼츠 제외) 중 관련 발화 포함 영상
별빛 정인 STUDIO DEAR J	여성	37세	29세	119개	24개/ 3시간 42분	

김지혜, 정익중, 김재연. (2024). 시각장애인의 장애수용에 관한 질적연구: 유튜브 동영상을 중심으로.

2. 텍스트 데이터 연구의 대상 선정

연구 대상은 유튜브에서 제공되는 다양한 영상 콘텐츠 중, 텍스트 발화와 자막이 주제의 핵심 메시지 전달에 중요한 역할을 하는 콘텐츠로 선정한다.

1) 연구 대상 선정을 위한 검색

(1) 키워드 조합 검색

관련 키워드를 조합하여 채널과 영상을 검색, 확인하고 초기 데이터를 수집한다. 예를 들어, 후천적 시각장애인을 검색하고자 할 때 '시각장애인', '후천적', '중도', '중도실명', '후천적 시각장애인' 등 단일 키워드와 키워드와 키워드를 결합한 복합 키워드를 검색한다.

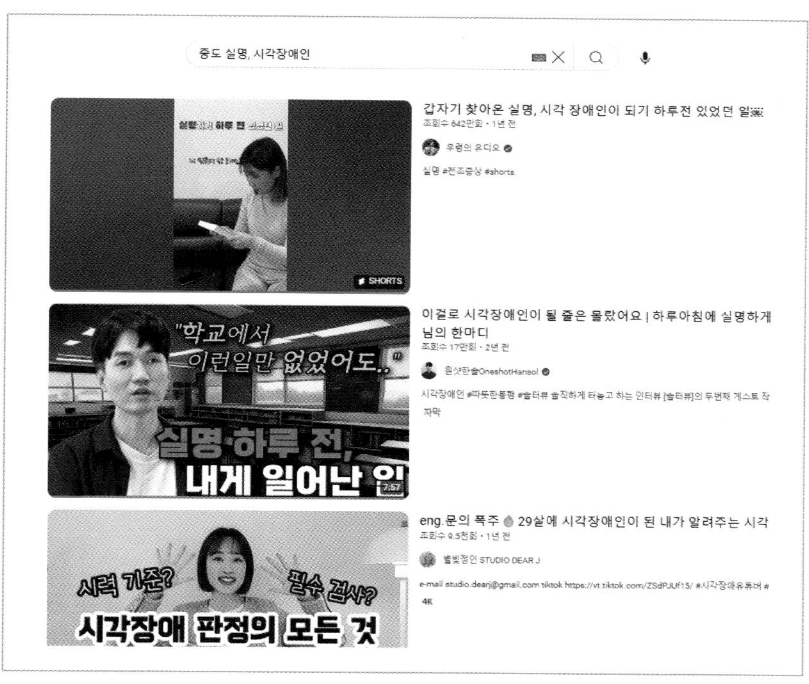

출처: 유튜브 채널 '우령의 유디오'
유튜브 채널 '원샷한솔OneshotHansol'
유튜브 채널 '별빛정인 STUDIO DEAR J'

(2) 동반 출연자 확인

연구 대상 채널의 콘텐츠에 함께 출연한 유튜버나 관련 인물의 링크를 찾아본다.

동반 출연자의 링크를 찾아보는 이유는 알고리즘에서 제외되어 검색되지 않았던 채널이거나, 동반 출연자가 새로운 채널을 개설하여 운영 중인 유튜버일 연구 대상자가 다른 채널 콘텐츠에 출연할 가능성이 있기 때문이다.

(3) 추가 검색

초기 검색 결과를 바탕으로 특정 키워드와 조합하여 추가 검색을 실시한다. 이는 유튜브 알고리즘의 한계를 보완하고 검색 범위를 확장하여 초기 검색에서 누락된 관련 채널이나 콘텐츠를 발견하기 위함이다. 또한, 연구 기간 중 추가될 새로운 콘텐츠를 반영하여 데이터의 최신성을 유지하기 위해 추가 검색이 필요하다.

2) 연구 대상 선정을 위한 영상 내용 확인

(1) 영상 전체 확인

영상을 처음부터 끝까지 확인하여 연구 대상에 부합한 내용인지 검토한다.

(2) 자막과 발화 비교

영상에서 발화 내용이 자막으로 제공되는 경우, 발화와 자막이 정확히 일치하는지 확인한다. 일부 콘텐츠에서 자막이 발화와 다를 수 있으므로, 텍스트 수집 과정에서 발화 내용을 정확히 반영할 수 있도록 주의한다.

(3) 혼합 콘텐츠(Mixed Contents) 확인

영상이 단일한 콘텐츠로 구성되기도 하나, 브이로그(Vlog)와 먹방 혼합, 브이로그와 리뷰 혼합, 브이로그와 인터뷰 혼합, 먹방과 인터뷰 혼합 등 다양한 콘텐츠가 혼합된 영상은 분석 대상으로 적합한지 여부를 판단하기 위해 세부 내용을 확인한다.

혼합 콘텐츠와 단일 콘텐츠 중에서 어떤 콘텐츠를 연구대상으로 선정할지는 연구 목적에 근거해야 한다. 즉, 혼합 콘텐츠라고 하더라도 연구 목적과 주제를 고려했을 때, 해당 영상들이 연구 목적과 주제를 잘 설명한다고 판단되는 경우에는 이를 연구 대상으로 삼고, 그 이유를 구체적으로 설명해야 한다.

주제와 관련 없는 먹방 → 콘텐츠 선정에서 제외

주제와 관련 있는 먹방 → 콘텐츠 선정

출처: 유튜브 채널 '원샷한솔OneshotHansol'

예를 들어, 먹방으로 구성된 혼합 콘텐츠에서 연구 목적에 부합한 내용이 없이 대부분의 시간이 단순한 식사 장면에 집중되고 음식 관련 내용이 주류를 이룬다면, 연구 대상에서 제외할 수 있다. 반면, 먹방 콘텐츠에 연구 주제에 관련된 내용이 포함되어 있다고 판단된다면 연구 대상으로 포함할 수 있다.

3) 연구 대상 선정을 위한 채널 및 영상 검토

(1) 채널 평가

채널을 선정하기 위해 채널이 보유한 동영상의 수, 콘텐츠의 주제 관련성, 발화의 풍부성, 댓글, 좋아요 수, 조회 수 등을 고려하여 주제와 담론 형성을 제공하는지 평가한 후, 연구에 적합한 채널을 최종적으로 선정한다.

(2) 영상 내용 적합성 평가

채널 전체의 특징과 활동성을 기준으로 연구 대상 채널의 적합성을 평가한 후, 키워드에 부합하고 주제의 관련성이 높은 영상을 선정하기 위해 영상의 내용을 검토한다.

만약 연구 대상 채널이 없을 경우, 개별 영상을 선별하고 이를 취합하여 연구 대상으로 선정할 수 있다. 이때, 영상 내용 적합성 평가는 개별 영상의 세부 내용과 주제 관련성을 심층적으로 검토하는 데 중점을 둔다. 이를 위해, 첫째, 영상 제목과 설명란이 키워드와 얼마나 밀접하게 연결되는지 확인하여 초기 검색의 정확도를 평가한다. 둘째, 영상에서 다루는 주제가 연구 주제와 얼마나 직접적으로 관련되는지 검토하며, 부수적인 논의나 주제 이탈 여부를 파악한다. 셋째, 영상의 발화 내용과 자막을 검토하여 연구 주제와의 관련성을 확인한다. 넷째, 영상이 연구 목적에 필요한 정보와 담론을 충분히 포함하고 있는지 평가하며, 단순 정보 전달 영상보다는 심층적인 논의가 포함된 영상을 우선적으로 선정한다.

(3) 텍스트 변환 가능성 검토

영상에서 발화가 충분하지 않거나 발화가 없는 경우가 있을 수 있으므로, 분석에 적합한 영상인지 검토한 후 선정한다.

연구 대상 선정을 위한 채널 평가, 연구 주제와 영상내용의 적합성 평가, 텍스트 변환 가능성(의미단위)을 확인한 예시는 다음과 같다.

No	당사자	방송일자	제목	조회수	의미 단어
1	처루 TV (A)	2019. 03. 12	성인 ADHD를 치료한다는 것의 의미	10,000	5개
2		2019. 01. 28	성인 ADHD의 아동기 특징 살펴보기 ~ 우리 아이는 ADHD일까요?	3,700	4개
3		2019. 01. 15	내가 성인 ADHD 맞나? 아닌가? 고민하시고 계신가요? 성인 ADHD에 관한 편견과 오해에 대하여~	8,500	4개
4		2019. 01. 08	저의 종합심리검사의 결과를 공개합니다. ~ 성인 ADHD가 맞을까?	9,300	4개
5		2018. 12. 20	성인 ADHD와 우울증은 어떤 관계일까요? 저는요.	5,100	9개
6	라파 마미 (B)	2019. 06. 19	39살 애엄마의 조용한 ADHD 극복기		8개
7		2019. 06. 24	39살 애엄마의 조용한 ADHD 극복기		5개
8		2019. 06. 24	39살 4살 아기엄마의 ADHD 극복기		3개
9		2019. 06. 25	39살 애엄마의 조용한 ADHD 극복기		7개
10		2019. 07. 12	39살 4살 애엄마의 조용한 ADHD극복하기		4개
11		2019. 08. 29	39살 애엄마의 조용한 ADHD 극복기	100	7개
12		2019. 09. 09		159	3개
13		2020. 06. 19	마흔살엄마의 ADHD극복기	28	3개
14	홍낭자 (C)	2019. 11. 22	저는 성인 ADHD증후군을 앓고 있습니다.	2,500	7개

출처: 정정숙, 조원일. (2021). 유튜브(YouTube)에 나타난 성인 ADHD 당사자의 인식 분석 – Mad Studies 관점을 중심으로.

4) 연구 대상 선정

(1) 풍부한 텍스트 발화와 자막의 중요성

텍스트 발화 연구는 발화자의 언어적 표현과 상호작용의 맥락을 분석함으로써 그 사람의 의도와 사고 과정을 이해하는 역할을 한다. 발화 분석은 경험이 구체적으로 어떻게 표현되고 이해되는지를 살펴볼 수 있는 창구로 기능하여 발화 내용 외에도 어조, 표현방식, 감정의 변화 등을 통해 자신의 경험과 사회적 반응을 전달한다. 이는 발화자가 가진 고유한 인식의 틀과 사회적 맥락에서의 정체성을 드러내는 중요한 단서를 제공하며, 궁극적으로 연구 대상의 목소리를 생생하게 담아낼 수 있다.

내러티브 연구는 개인의 경험을 구조화된 이야기로 표현하기 때문에 경험의 복합적이고 다층적인 의미를 파악할 수 있다. 발화 연구와 내러티브 연구는 모두 연구 대상의 경험과 감정을 언어적 표현을 통해 깊이 이해하고자 하는 데 중점을 둔다는 공통점이 있다. 두 연구 방식은 언어를 통해 대상의 내면적 사고와 사회적 맥락을 파악하며, 정보 전달을 넘어 발화자의 경험을 풍부하고 다층적으로 이해하려는 목적을 지닌다. 이를 통해 사회적 · 문화적 맥락 속에서 이들의 목소리를 생생하게 반영하고자 하는 공통된 목적을 가지고 있다.

연구의 핵심 분석 요소가 영상 내 텍스트 발화와 자막이므로, 연구 목적에 부합하는 영상을 선정할 때는 텍스트와 발화가 영상 전반에 걸쳐 지속적으로 제공되는지, 발화가 주요 정보 전달 수단으로서 핵심 메시지를 명확하게 전달하는지를 우선적으로 고려한다. 또한, 자막이 시청자의 이해를 돕고 메시지를 명확하게 전달하는지를 선정 기준으로 삼는다.

선정된 채널에서 발화가 없는 콘텐츠의 경우 제작자의 의도를 고려할 필요가 있으며, 이 경우 자막이 발화를 대체하고 있는지 확인해야 한다. 예를 들어, 우울, 조현병과 같은 정신장애의 경험과 일상을 공유하는 채널이나, 최근 일상을 공유하는 은둔 청년 채널(이종철, 2024. 6. 5.) 등이 이러한 경우에 해당될 수 있다. 이러한 채널 영상들은 발화는 없지만, 자막을 통해 내용을 전달하는 경우가 많기 때문이다. 이에 선정된 연구 대상 채널 및 영상의 특성을 고려하여 발화 텍스트 대신 자막 텍스트를 활용하는 방안을 고려할 수 있다. 또한, 발화와 자막이 없는 영상인 경우에는 제목을 통해 제작자의 의도를 파악할 수 있는지 확인한다. 이 과정을 통해 채널 전체의 메시지 방향성을 이해하는 데 도움이 되므로, 데이터 정리 시 비고란에 기록한다.

발화 없이 자막으로 대체되는 영상 예시

출처: 유튜브 채널 '방진이'

(2) 연구 주제에 적합한 채널 유형 선정

연구 대상은 다양한 유형의 채널에서 선정할 수 있다. 개인 채널은 구독자가 많은 대형 채널과 구독자가 적은 소규모 채널로 구분할 수 있으며, 각각의 채널은 연구 주제와 관련된 발화와 담론 형성을 분석하는 데 중요한 인사이트를 제공한다. 특히, 소규모 채널은 특정 커뮤니티나 관심사를 중심으로 운영되는 경우가 많아 커뮤니티 내 집단적 담론과 상호작용을 통해 이루어지는 논의를 파악하는 데 유용하다.

또한, 공식 기관 채널은 신뢰할 수 있는 정보와 공적인 메시지를 전달하는 경우가 많아 연구 주제와의 연관성을 분석하는 데 자료를 제공할 수 있다.

채널 유형 예시

대형 채널: 동영상 801개 보유 구독자 수 133만명 장애인 유튜버 1위	소규모 채널: 동영상 30개 보유 구독자 수 172명 순위 없음

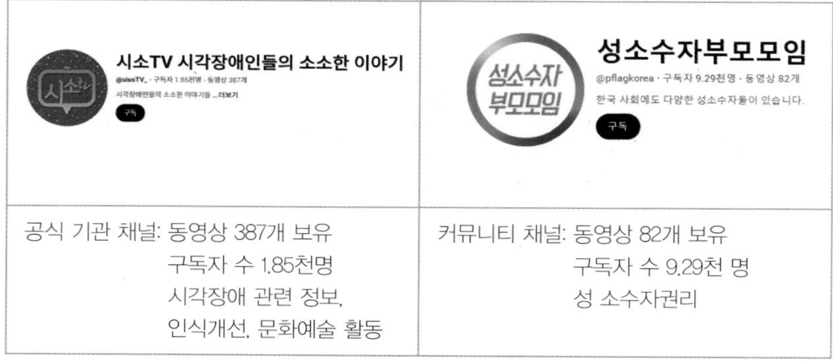

공식 기관 채널: 동영상 387개 보유 구독자 수 1.85천명 시각장애 관련 정보, 인식개선, 문화예술 활동	커뮤니티 채널: 동영상 82개 보유 구독자 수 9.29천 명 성 소수자권리

(3) 시기적 범위 설정

연구 대상 선정에서 업로드 한 기간에 따라 연구 대상을 선정할 수 있다.

예를 들어 최근 2~3년간 업로드 된 페미니즘 관련 유튜브 콘텐츠를 대상으로 하여, 텍스트 발화와 자막에서 시간이 지남에 따라 어떻게 변화했는지를 포착할 수 있다. 이처럼 최근의 사회적 이슈나 트렌드를 다루는 콘텐츠를 선정하여, 현시점에서의 현상과 사회적 담론과 상호작용을 보다 명확히 분석할 수 있다.

(4) 데이터 불균형과 비대칭성

유튜브 환경의 특성상 데이터 간의 불균형이 발생할 수 있다. 이는 연구 대상에 따라 운영하는 연구 대상으로 선정한 채널에서 채널의 규모와 보유한 콘텐츠의 수가 다를 수 있기 때문이다. 유튜버의 제작 의도에 따라 콘텐츠는 다양할 수 있으며, 연구 주제와 부합하는 콘텐츠의 수는 적을 수 있다. 예를 들어, 연구자가 선정한 중도 시각장애 유튜버의 채널이 4개일 때, 각 유튜버가 보유한 콘텐츠의 수가 서로 달라 데이터의 불균형과 비대칭성이 발생할 수 있다. 이러한 불균형은 연구자가 제어할 수 없는 유튜브 환경의 한계로 볼 수 있으며, 자신이 수행하는 연구에서는 유튜브가 가지는 특성을 충분히 설명하는 것이 필요하다.

한편, 연구 주제가 극히 드문 특정 사례일 경우에도 데이터의 불균형과 비대칭성이 발생할 수 있다. 이 경우 특정 채널에 데이터가 편중되더라도 풍부한 발화 텍스트 데이터가 존재한다면 연구 목적에 맞는 질적 접근 방법을 적용하여 해당 현상의 본질을 깊이 탐색할 수 있다. 이처럼 유튜브 연구의 데이터 선정은 질적연구에서의 분석대상 선정과 같이 연구 목적과 연구 질문을 드러내 보여줄 수 있는 특정 준거(criterion)를 선택하는 의도적 표집(purposive sampling)으로 진행한다.

연구자가 텍스트 데이터 수집 결과를 분석하기에 부족하다고 판단될 때는 인터뷰를 추가하는 방식 등을 통해 콘텐츠에서 얻지 못한 소스를 얻는 방법을 고려해 볼 수 있다.

연구 대상의 데이터 불균형과 비대칭성의 예

구독자: 17.1만명 동영상: 375개	구독자: 1.08만명 동영상: 240개

5) 연구 주제별 연구 대상 선정 기준

연구 주제에 맞춰 각기 다른 유형의 유튜브 콘텐츠를 연구 대상으로 선정한다.

앞서 설명한 주제에 따른 구체적인 연구 대상 선정 기준은 다음의 사항을 고려할 수 있다.

(1) 사회적 이슈

유튜브는 환경 문제, 정치적 논의, 사회적 불평등, 인권 문제 등 다양한 사회적 이슈를 다루는 플랫폼이다. 이러한 주제의 콘텐츠 중에서, 텍스트 발화와 자막을 통해 해당 이슈를 명확하게 설명하고, 시청자의 인식과 의견 형성에 영향을 미치는 콘텐츠를 선정한다. 특히 발화와 자막이 이슈를 설명하는 방식에서 선택적으로 사용하는 표현과 그 표현이 시청자에게 전달하고자 하는 메시지를 중점적으로 살펴본다.

예를 들어, 유튜브 채널에서 '환경 보호 운동'을 다룬 콘텐츠의 발화를 분석하여 캠페인의 메시지가 대중의 참여를 유도하는 방식에 대해 탐색할 수 있다. 연구자는 '플라스틱 사용 줄이기'를 주제로 한 10개의 영상의 발화를 분석해 주요 키워드를 추출할 수 있다. 그 예로, '우리 모두 행동해야 합니다', '변화를 만들어 봅시다.' '다음 세대에게 좋은 것을 주기 위해 행동으로 보여줄 때입니다.'와 같은 표현이 시청자의 정서적 공감을 이끌어 내고 행동을 촉진하려는 메세지로 파악할 수 있다. 이러한 분석은 발화가 사회적 이슈를 전달하고 행동 변화를 촉진하는 역할을 구체적으로 이해하는 데 도움을 주며, 이를 바탕으로 정책 제안이나 교육 콘텐츠 설계로 활용할 수 있다.

(2) 문화적 트렌드

K-pop, 영화 리뷰, 패션, 뷰티 등과 같은 대중문화 콘텐츠 중에서, 발화와 자막을 통해 언어적 차이를 극복하고 문화적 해석을 제공하는 콘텐츠를 선정한다. 이를 통해 다양한 문화적 맥락에서 시청자가 해당 콘텐츠를 어떻게 수용하는지를 연구 대상으로 삼을 수 있다. 이러한 콘텐츠는 전 세계적으로 인기가 높으며, 자막은 언어적 장벽을 해소하는 도구로, 발화는 문화적 해석의 중요한 요소로 작용한다. 이를 통해 글로벌 시청자들이 특정 문화 콘텐츠를 수용하는 방식과 그 과정에서 나타나는 문화적 상호작용을 탐색할 수 있다.

예를 들어, K-pop 뮤직비디오와 관련된 라이브 방송에서 출연자의 발화를 분석한 연구에서는 팬과 아티스트 간의 상호작용 방식을 탐색할 수 있는 좋은 사례이다. 연구자는 라이브 방송에서 사용된 주요 발화의 예인, '여러분 덕분에 힘을 얻어요.' '에너지를 주셔서 감사합니다.' '어려울 때 여러분의 댓글을 보고 다시 일어날 수 있었어요.' 등의 발화를 분석함으로써 이러한 표현이 팬덤 내 소속감과 충성도를 강화하는 데 중요한 역할을 한다는 점을 발견할 수 있다.

또한, 발화의 톤과 표현 방식이 글로벌 팬들에게 어떻게 받아들여지는지를 분석하여 문화적 교류의 특징을 도출할 수 있다. 그 예로, 정서적으로 공감대를 형성하는 표현이 특정 언어와 문화권에서 어떻게 다르게 해석되거나 동일한 감정을 불러일으키는지를 비교 분석함으로써 K-pop 콘텐츠가 세계적으로 성공하는 요인을 보다 구체적으로 이해할 수 있다.

(3) 사회적 운동과 캠페인

유튜브는 환경 보호, 인권 운동, 페미니즘과 같은 사회적 운동이나 캠페인의 확산과 참여를 촉진하는 중요한 플랫폼이다. 이 과정에서 발화와 자막은 핵심 메시지를 명확히 전달하고, 감정적 호소력을 강화하며, 시청자의 관심과 행동 참여를 유도하는 역할을 한다. 이러한 콘텐츠를 연구 대상으로 선정해 분석하는 것은 사회적 운동의 목표와 가치가 텍스트 발화와 자막을 통해 어떻게 전달되고 있는지, 또한 시청자가 이 메시지에 반응해 온라인 및 오프라인에서 어떤 행동으로 이어지는지를 살펴볼 수 있다.

예를 들어, '플라스틱 없는 바다'를 주제로 한 환경 보호 캠페인 영상을 연구 대상으로 삼아, 유튜브에서 텍스트 발화와 자막이 환경 운동 메시지를 전달하고 참여를 유도하는 방식을 분석할 수 있다.

발화 분석에서는 감정적 호소, 행동 촉구, 구체적인 안내 등의 측면을 살펴볼 수 있다. 그 예로, '우리가 플라스틱을 줄이지 않는다면, 이 바다는 쓰레기로 뒤덮일 것입니다'와 같은 감정적 호소, '플라스틱 사용을 멈추고, 지금 바로 재활용에 동참하세요.'라는 행동 촉구, '이번 캠페인의 웹사이트에서 당신을 통해 작은 변화를 일으킬 수 있습니다.'와 같은 구체적 안내를 통해 시청자 참여를 독려하고자 한다는 것으로 분석할 수 있다.

자막 분석에서는 시각적 효과와 메시지 강조를 탐색할 수 있다. 그 예로, '(작은 글씨에서 큰 글씨로 확대되는 이펙트) 당신이 만든 변화가 큰 차이를 만든다.'와 같은 자막은 중요한 메시지를 강조하며 감정적 호소력을 강화한다. 또한, '플라스틱 없는 깨끗한 바다를 함께 만듭시다!'와 같이 애니메이션 효과와 결합된 자막은 시각적 효과로 메시지의 전달력을 강화한다.

이러한 연구 대상을 통해 발화와 자막이 캠페인의 핵심 메시지를 전달하고, 시청자의 참여를 유도하는 전략을 구체적으로 이해할 수 있다. 감정적 호소는 공감과 책임감을 자극해 캠페인 참여를 독려하며, 행동 촉구 메시지가 구체적일수록 시청자들의 실질적인 행동 변화로 이어질 가능성이 높다는 결과를 도출할 수 있다.

(4) 정치 및 정책 관련 콘텐츠

유튜브는 정치적 논의, 선거 캠페인, 정책 설명 등 다양한 정치적 콘텐츠가 활발히 이루어지는 플랫폼이다. 이러한 콘텐츠에서 발화와 자막은 정치적 메시지를 전달하고, 시청자의 정책 이해를 돕거나 정치적 신념 형성에 영향을 미치는 요소로 작용한다. 이를 분석 대상으로 삼아, 정치적 메시지가 유튜브를 통해 시청자에게 어떻게 전달되고, 신념이나 의견 형성에 어떤 변화를 가져오는지 살펴볼 수 있다.

예를 들어, '20대 대선과 정치 캠페인'을 연구 대상으로 설정한 연구에서는 유튜브에 업로드 된 후보자의 연설 영상을 발화 분석의 주요 자료로 활용할 수 있다. 연구자는 발화에서 사용된 설득 전략을 코딩하여 주요 패턴을 분석할 수 있으며, 상대 후보에 대한 비판이나 반복적으로 강조되는 정치 신념과 철학이 유권자의 신뢰와 공감을 얻기 위해 어떻게 사용되는지 탐색할 수 있다. 이를 통해 후보자가 콘텐츠 속 발화를 통해 대중의 의견 형성과 정치적 행동에 어떤 영향을 미치고자 했는지를 구체적으로 분석할 수 있다. 또한, 이러한 분석은 디지털 미디어가 전통적인 정치 담론과는 다른 방식으로 유권자와 상호작용하며 정치적 메시지를 전달하는 과정을 이해하는지 파악할 수 있다.

(5) 엔터테인먼트와 오락 콘텐츠

유튜브에서의 엔터테인먼트와 오락 콘텐츠는 영화 리뷰, 게임 스트리밍, 예능 프로그램 등 대중문화의 중요한 축을 형성하고 있다. 이 콘텐츠에서 발화와 자막은 스토리텔링, 감정, 유머 등 다양한 기능을 통해 시청자와 상호작용하며 중요한 의미를 만들어낸다. 특히, 발화와 자막에 담긴 언어적 뉘앙스나 문화적 레퍼런스가 특정 문화적 맥락에서 시청자에게 어떻게 해석되고 영향을 미치며, 이를 통해 시청자 간의 문화적 인식과 반응을 유도하며 사회적 · 문화적 의미가 형성되는 과정을 분석할 수 있다. 이러한 분석은 엔터테인먼트 콘텐츠가 대중의 문화적 소비와 담론 형성에 미치는 영향을 탐색하는 데 초점을 둘 수 있다.

예를 들어, '최신 개봉작 리뷰'를 주제로 한 연구에서는 유튜브 영화 리뷰 영상에서 사용된 발화와 자막을 분석 대상으로 설정할 수 있다. 연구자는 리뷰어가 영화를 평가할 때 사용하는 언어적 전략과 자막을 코딩하여 주요 패턴을 도출할 수 있다.

발화 분석에서는 영화의 특정 요소에 대한 긍정적 표현과 부정적 표현의 패턴을 살펴볼 수 있다. 그 예로, '캐릭터를 완전히 자신의 것으로 소화했어요.'와 같은 긍정적 발화나, '스토리 전개가 다소 아쉽네요.'라는 부정적 발화를 분석해 리뷰어의 평가 방식과 그 영향을 탐색할 수 있다. 또한, '이 장면에서 관객들이 거의 정신 못 차렸죠.'와 같은 유머나 감정을 전달하기 위한 강조 표현 발화를 분석하는 것은 리뷰의 몰입도를 높이고자 하는 전략을 이해할 수 있다.

자막 분석에서는 시각적 강조를 위해 굵은 글씨나 이펙트를 사용한 표현을 중점적으로 분석할 수 있다. 그 예로, '완전 대박박박!!' 같은 자막은 시각적 요소를 사용해 감정을 강조하며 메시지 전달력을 높이는 사례가 될 수 있다.

이러한 연구를 통해 리뷰어의 발화와 자막이 영화 소비에 대한 시청자의 기대와 평가에 미치는 영향을 구체적으로 분석할 수 있다. 긍정적인 언어와 자막의 강조는 영화에 대한 호기심을 자극할 수 있으나, 반면 부정적인 평가는 시청자의 영화 선택에 영향을 미칠 수 있다.

(6) 리뷰 및 제품 평가 콘텐츠

유튜브의 리뷰 및 제품 평가 콘텐츠는 다양한 제품과 서비스의 장·단점, 사용 방법, 실제 경험 등을 다루며 소비자의 구매 결정 과정에 중요한 역할을 한다. 이 콘텐츠에서 발화와 자막은 정보를 명확하게 전달하며, 소비자가 제품에 대한 신뢰를 형성하도록 돕는다. 특히, 발화와 자막이 소비자의 이해를 높이고 구매 결정에 미치는 영향을 분석함으로써 텍스트 기반 커뮤니케이션이 정보의 신뢰성과 설득력에 어떤 영향을 미치는지 살펴볼 수 있다.

예를 들어, '신형 스마트폰 리뷰'를 주제로 한 연구에서는 유튜브의 인기 리뷰 채널에서 사용된 발화와 자막을 분석 대상으로 설정할 수 있다. 연구자는 리뷰어가 제품을 평가할 때 사용하는 언어적 전략과 자막의 보조적 역할을 코딩하여 주요 패턴을 분석한다.

발화 분석에서는 제품의 장점과 단점을 비교하며 리뷰어의 평가 방식을 살펴볼 수 있다. 예를 들어, "이 카메라는 밤에도 번짐 없이 선명한 사진을 찍을 수 있다는 게 믿어지시나요?"와 같은 장점 강조 발화와 "배터리 성능이 이전 모델과 비교했을 때 별로 개선된 것이 없어 기대에 미치지 못 했네요"와 같이 단점을 지적하는 발화를 분석하여 리뷰어가 전달하고자 하는 메시지를 탐색할 수 있다.

자막 분석에서는 발화의 내용을 시각적으로 강조하는 방식을 살펴볼 수 있다. 그 예로, "(폭죽 이펙트 처리) 놀라운 카메라 성능!!", "XXX 실망스러운 배터리 수명"과 같은 자막은 발화와 시각적 효과를 결합해 정보를 직관적으로 전달하여 시청자의 이해를 돕는 방식을 보여준다. 이러한 분석을 통해 리뷰어의 발화와 자막이 소비자들에게 제품에 대한 신뢰를 형성하고, 구매 의사 결정과 브랜드 충성도에 어떠한 영향을 구체적으로 이해할 수 있다. 특히, 긍정적인 발화와 자막은 제품의 장점을 부각시켜 구매 욕구를 자극하는 데 효과적일 수 있다. 반면에 단점을 객관적으로 전달하는 발화와 자막은 리뷰 채널에 대한 소비자의 신뢰를 강화하며, 동시에 제품 및 브랜드에 대한 긍정적 이미지를 유지하는 결과를 도출할 수 있다. 이 연구 대상을 통해 제품 리뷰 콘텐츠가 정보 전달뿐 아니라 소비자와의 신뢰 관계를 형성하는 주요 매체로 작용한다는 점을 보여준다.

이와 같은 연구 대상 선정 기준을 통해 유튜브에서 텍스트 발화와 자막이 어떻게 중요한 커뮤니케이션 도구로 사용되고, 각각의 주제와 맥락에서 어떤 방식으로 메시지를 전달하는지 심층적으로 분석한다.

3. 텍스트 데이터 정리 및 정제

1) 텍스트 데이터 변환 시 유용한 도구 활용

텍스트 데이터를 정리하기 위해 연구 주제와 대상을 선정한 후, 해당 동영상의 발화를 텍스트로 변환하는 작업을 해야 한다.

텍스트 변환은 영상 속 발화를 자동화된 도구를 사용해 텍스트 형식으로 바꾸는 작업을 뜻한다. 네이버 클로바 노트, Google Docs 음성 입력 기능 등이 대표적인 텍스트 변환 도구로 사용되고 있다.

(1) 유튜브 텍스트 데이터 변환 시 유용한 도구와 활용 팁

유튜브 텍스트 데이터의 발화 내용을 정확하게 텍스트로 변환하는 것은 중요한 단계이다. 이를 위해 여러 프로그램과 도구를 활용할 수 있으며, 각 도구마다 장·단점이 있으므로 상황에 맞게 선택해야 한다. 아래는 유용하게 사용할 수 있는 도구들과 활용 팁이다.

① 네이버 클로바 노트

▶ **장점**: AI 기반의 음성 메모 애플리케이션으로 회의나 강의 등의 음성을 자동으로 텍스트 변환해 주는 서비스이다. 한국어 인식률이 높고, 실시간 텍스트 변환이 가능하다. 간단한 인터페이스로 녹음과 동시에 텍스트 변환 작업을 쉽게 수행할 수 있다. 이후 검색이나 정리도 쉽게 할 수 있는 기능을 제공한다.

▶ **활용 팁**: 클로바 노트를 사용할 때는 영상 속 발화가 시작되는 시간을 미리 메모해두면, 불필요한 부분을 줄이고 중요한 발화 부분만 효율적으로 변환할 수 있다. 또한, 자동 생성된 텍스트에 오타나 잘못된 문장이 있을 수 있으므로, 반복 시청과 교정을 통해 데이터 정제 과정을 반드시 거쳐야 한다.

텍스트 변환 도구 1 　네이버 클로바 노트

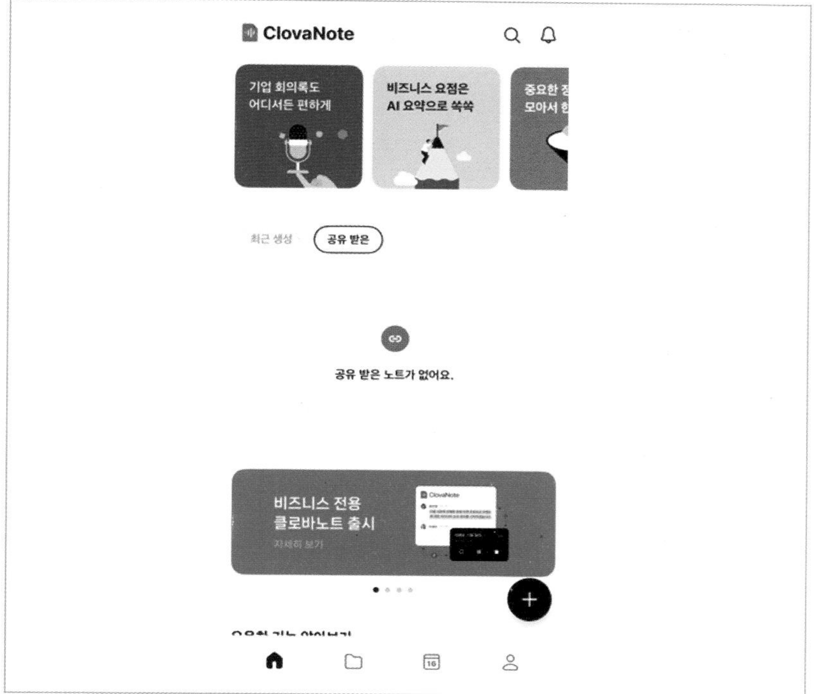

2 Google Slides 음성 입력 기능

▶ 장점: Google 문서(Google Docs)에서 음성 입력 기능을 사용하여 무료로 제공되며, 별도의 설치 없이 Google Slides에서 바로 사용할 수 있다. 다양한 언어를 지원하고, 음성을 문서로 직접 변환할 수 있어 편리하다.

▶ 활용 팁: Google Slides 음성 입력은 웹 브라우저에서 실행되므로, 인터넷 환경이 안정적일 때 사용하는 것이 좋다. 발화 속도가 너무 빠를 경우 인식률이 떨어질 수 있으니, 속도를 조절하거나 반복해서 발화를 시도하는 방법으로 오류를 줄일 수 있다.

텍스트 변환 도구 2　Google Slides

2단계: 음성 입력 사용하기

음성으로 입력하기

문서에서 음성 입력 시작하기

1. 마이크가 작동하는지 확인합니다.
2. 지원되는 브라우저에서 Google Docs에서 문서를 엽니다.
3. **도구** › **음성 입력**을 클릭합니다. 마이크 상자가 표시됩니다.
4. 말할 준비가 되면 마이크를 클릭합니다.
5. 적절한 소리 크기와 속도로 명확하게 말합니다. 문장부호 사용에 대한 자세한 내용은 아래를 참조하세요.
6. 완료되면 마이크를 다시 클릭합니다.

Slides의 발표자 노트에서 음성 입력 시작하기

1. 마이크가 작동하는지 확인합니다.
2. Chrome 브라우저에서 Google Slides로 프레젠테이션을 엽니다.
3. **도구** › **발표자 노트 음성기록**을 클릭합니다.
   - 발표자 노트가 열리며 마이크 상자가 표시됩니다.
4. 말할 준비가 되면 **마이크**를 클릭합니다.
5. 적절한 음량과 속도로 명확하게 말합니다.
   - 구두점 사용 방법에 대한 자세한 내용은 아래를 참고하세요.
6. 완료되면 **마이크**를 클릭합니다.

음성 입력 중 잘못된 내용 고치기

- 음성으로 입력하는 동안 실수를 한 경우 마이크를 끄지 않고 커서를 실수가 있는 부분으로 옮겨 고칠 수 있습니다.
- 잘못된 내용을 고친 후 계속할 위치로 커서를 다시 가져갑니다.
- 제안 목록을 확인하려면 회색 밑줄이 표시된 단어를 마우스 오른쪽 버튼으로 클릭합니다.

3 Otter.ai

▶ 장점: 영어와 한국어를 포함한 다양한 언어를 지원하며, 인공지능을 활용한 텍스트 변환 정확도가 높다. 대화형 텍스트를 효과적으로 변환할 수 있어 인터뷰나 회의 기록에도 적합하다.

▶ 활용 팁: Otter.ai는 인터뷰처럼 다양한 인물이 발화하는 경우, 발화자마다 다른 색상으로 구분하여 텍스트를 기록할 수 있어 편리하다. 다만, 무료 버전은 제한이 있으므로 장기적으로 사용할 경우 유료 버전을 고려해볼 수 있다.

텍스트 변환 도구 3　Otter.ai

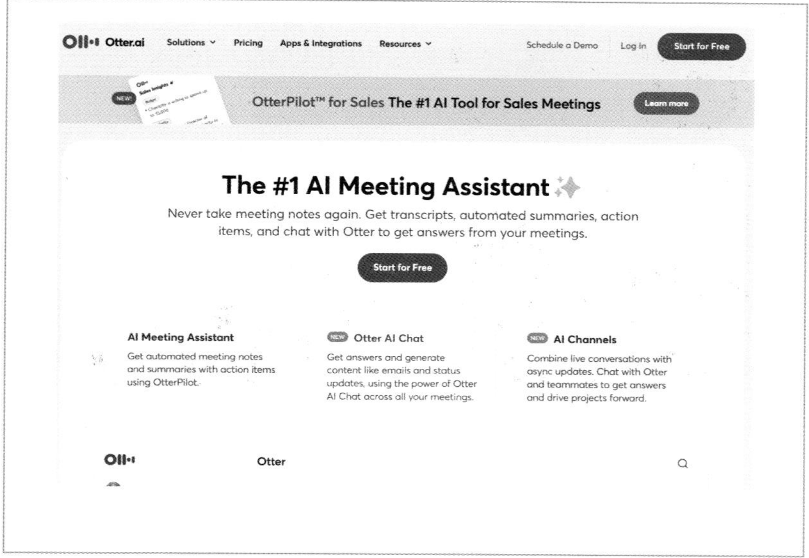

4 Rev. ai

- ▶ 장점: 전문적인 트랜스크립션(transcription) 서비스로 유명하며, 다양한 음성 파일을 매우 정확하게 텍스트로 변환한다. 여러 언어를 지원하여 글로벌 환경에서 유용하게 사용할 수 있다.
- ▶ 활용 팁: 법률 문서, 의료 기록, 인터뷰 등 정확한 텍스트 변환이 중요한 작업에서 유용하다. 다국적 팀이나 국제 프로젝트에서 여러 언어의 음성 데이터를 변환해야 할 때 효과적으로 사용할 수 있다.

텍스트 변환 도구 4 Rev.ai

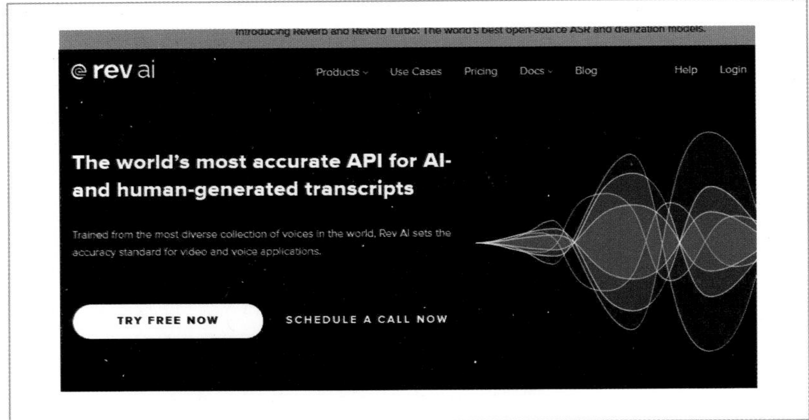

5 Sonix. ai

▶ **장점:** 전문적인 트랜스크립션 서비스로, 정확성과 다양한 기능으로 잘 알려져 있다. 인터뷰나 회의 녹음과 같은 복잡한 음성도 효율적으로 처리한다. 40개 이상의 언어를 지원하므로, 글로벌 환경에서 매우 유용하여 다국적 팀이나 국제 프로젝트에서 음성 데이터를 쉽게 텍스트로 변환할 수 있다.

▶ **활용 팁:** 법률 문서, 의료 기록, 인터뷰 등에서 Sonix.ai의 정확한 트랜스크립션을 활용하여 효율적으로 텍스트를 변환할 수 있다. 여러 언어로 된 음성 데이터를 다룰 때, Sonix.ai는 빠르고 정확한 번역 및 트랜스크립션을 제공하여 국제 프로젝트에서 특히 유용하다.

텍스트 변환 도구 5 Sonix.ai

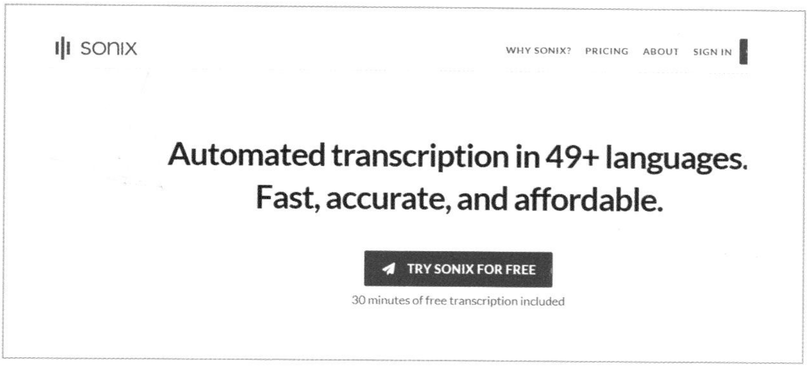

(2) 데이터 변환에 유용한 도구 비교 분석

도구	주요 기능	장점	단점
네이버 클로바 노트	음성 인식 및 실시간 텍스트 변환	높은 한국어 인식률, 간편한 인터페이스	반복 교정 필요
Googl Slides **음성 입력 기능**	실시간 음성 입력 기능	무료 제공, 간편한 사용	인터넷 연결 필요, 인식률은 발화 속도에 따라 변동
Otter.ai	다중 발화 인식, 자동 텍스트 변환	정확한 인공지능 변환, 발화자 구분 가능	무료 버전의 제한
Rev. ai	오디오 및 비디오 텍스트 변환	높은 정확도, 다양한 언어 지원	코딩 필요, API 호출 제한
Sonix. ai	음성 및 비디오 텍스트 변환, 번역 및 자막 생성 기능	복잡한 음성 처리, 40개 이상 언어 지원 글로벌 환경에 유용	유료 요금제, 한국어 지원 한계

2) 텍스트 데이터 변환 작업

텍스트 변환 도구를 사용해 변환된 텍스트 데이터는 분석 과정에서 그 의미를 해석하는 데 활용된다. 텍스트 변환이 완료되면, 연구자는 수집된 데이터를 정리하고 본격적으로 분석을 시작하게 된다.

텍스트 데이터 변환 작업 순서

① 선정한 채널의 영상을 1.5배속으로 설정하기

② 영상 플레이하기 전, 네이버 클로바 노트 프로그램 녹음하기 + 표시 버튼 누르기

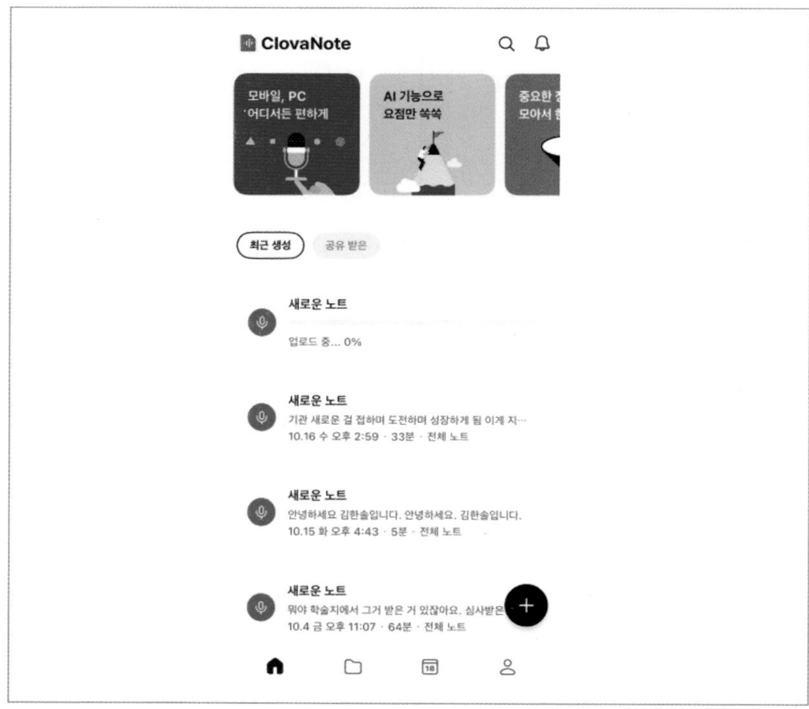

③ 영상 플레이

④ 대략적으로 중요 발화 부분, 즉 하이라이트 부분이 몇 초에서 시작하는지 시간 기록. 중요 발화는 다른 색으로 표시

⑤ 영상 자막을 확인하면서 내용 파악하기

⑥ 클로바노트 → 새로운 노트 클릭 → 우측 상단 점 세 개 클릭 → 음성 기록 텍스트 → 다운로드 → 포함 정보에서 참석자 포함만 표시

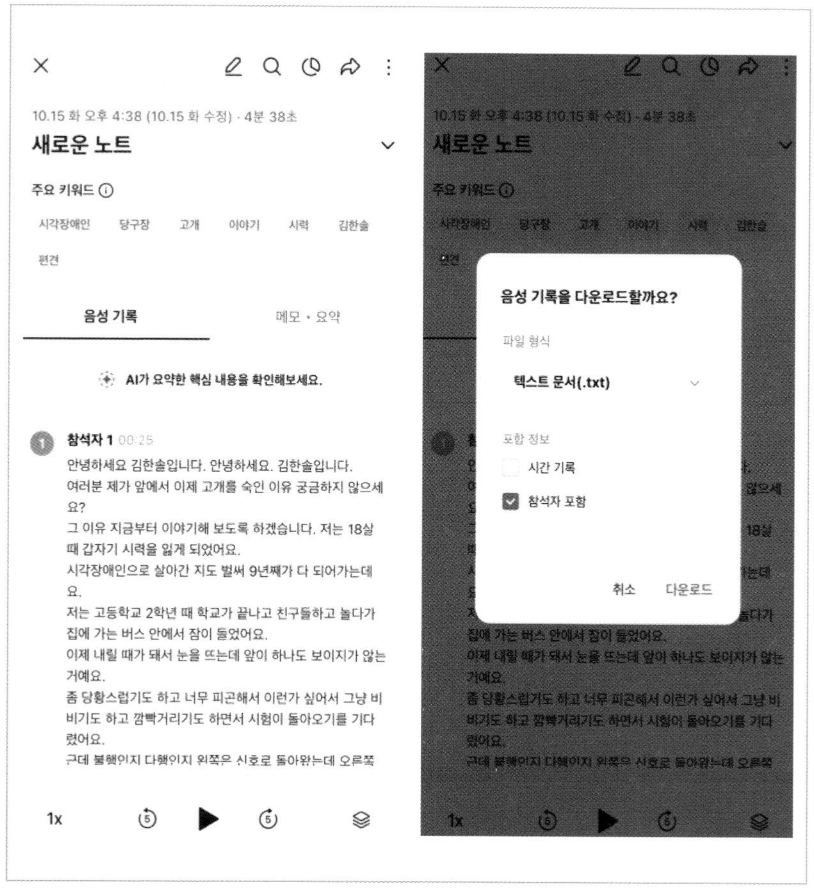

출처: 유튜브 채널 '원샷한솔OneshotHansol'

⑦ 카카오톡이나 메일로 공유

⑧ 카카오톡이나 메일에서 컴퓨터로 다운로드

⑨ 변환된 파일의 제목에는 영상 번호와 영상 제목을 기입

우령_63 안내견과 산책 데이트.txt
우령_64 화이자 1차 접종 완료!.txt
우령_68 현재 제가 겪고 있는 일에 대하여....txt
우령_73 지하철에서 참 많은 일을 겪었습니다.txt
우령_76 혼자 끓여먹는 컵라면 3개 먹방.txt
우령_77 중학생이 된 나를 따로 불러내 선생님이 했던 말.txt
우령_84 시각장애인이 바라보는 세상.txt
우령_85 마라탕 먹으면서 푼다.txt
우령_97 시력을 한순간에 잃게 된 것보다 더 큰 문제에 닥쳤습니다.txt

출처: 유튜브 채널 '우령의 유디오'

⑩ 발화 없이 제작된 영상은 유튜버의 의도를 반영한 메시지가 동영상 제목, 해시태그나 자막에 드러났는지 확인하고, 이를 엑셀 시트의 비고란에 기록

Tip 텍스트 변환 오류 발생 주요 이유

1. 입력 음성의 따른 오류

1.1 배경 소음: 주변 환경에서 발생하는 소음(예: 주변 다른 사람 말소리, 카페에서 나오는 음악 가사 입력, 차량 소음)이 음성 신호를 방해하여 시스템이 정확한 음성을 인식하지 못함.

1.2 음성 명료도

발화자의 발음이 뚜렷하지 않거나 말을 너무 빠르게 하거나 느리게 하는 경우 오류 발생 가능

방언, 억양, 발음의 차이 등도 시스템 성능에 영향

1.3 마이크 품질 및 위치

저품질 마이크나 발화자와 마이크 간 거리의 영향을 받아 입력 음성 신호가 인식되지 않을 수 있음.

2. 언어의 복잡성

2.1 동음이의어: 동일한 발음으로 여러 의미를 가지는 단어를 문맥 없이 변환하면 오류 발생

예: "눈" (신체의 눈 vs. 날씨의 눈)

2.2 문장이 단편적이거나 비문법적일 경우 시스템이 올바른 의미를 해석하지 못함.

2.3 기술 용어 또는 최근 생긴 신조어는 데이터 학습에 포함되지 않아 오류를 초래할 수 있음.

2.4 다른 단어로 바뀌는 현상

예: 재미있긴 한데 → 괜찮긴 한데

예: 버스터 → 버스 타고

예: 베이킹 탈 재밌어 보이긴 했는데 → 베이킹 할 때 재밌어 보이긴 했는데

2.5 어미를 임의로 다른 단어로 바꾸는 현상

예: 얘기를 잘 안 해 → 얘기를 잘 안 하나요?

예: 한 장 밖에 없어요. 단독 사상 → 한 장 밖에 없어요. 단독 사진

예: 피곤하고 하거든 → 피곤하고 할 때는

2.6 어미가 뭉개짐

예. 어떤 걸 했을 → 어떤 걸 했을까요?

예. 가까운 데 → 가까운 데 있나요?

3. 데이터 및 모델의 한계

3.1 훈련 데이터의 불균형: 시스템이 훈련된 데이터에 포함되지 않은 언어, 억양, 발음 등이 입력될 경우 정확도가 떨어짐.

3.2 언어 모델의 한계

복잡한 문맥이나 긴 문장을 처리하는 데 있어 모델의 이해력이 부족할 수 있음.

다국어 지원 모델에서는 특정 언어의 성능이 다른 언어보다 낮을 수 있음.

3.3 구버전

언어 변화(예: 신조어, 대중적 표현)를 반영하지 않은 모델은 새로운 데이터를 정확히 처리하지 못함.

4. 시스템 설정 및 처리 한계

4.1 음성 구분의 어려움

대화에 여러 명이 참여할 경우, 발화자를 구분하지 못하거나 혼합된 음성을 잘못 변환할 가능성

예: 참석자1 노래 불러줬어요. 그런 것도 해주고 적극
참석자2 적이시네요. → 그런 것도 해주고 적극적이시네요.

4.2 발화자 음성 인식 부족

시스템이 특정 사용자에 맞게 훈련되지 않으면 개인적인 발음 습관을 이해하지 못해 오류 발생

---

3) 텍스트 데이터 정리

데이터 정리는 수집한 데이터를 체계적으로 분류하고 요약하여 분석 전, 데이터를 구조화하는 과정이다. 이 단계에서는 엑셀에 발화 시간, 주요 내용, 비고 등을 정리하여 데이터를 직관적으로 영상과 영상 내용을 파악할 수 있도록 한다. 영상을 시청하면서 주요 내용을 간략하게 요약하고, 영상 제목이나 썸네일이 실제 내용과 다를 경우, 이를 비교란에 정확하게 기록해 둔다. 이러한 기록은 이후 데이터 분석과정에서 중요한 참고 자료가 될 수 있다(Bingham, 2023).

텍스트 데이터 정리

(1) 엑셀 구성: 영상 번호, 영상 제목, 발화 시간, 발화 내용, 중요사항, 비고 순으로 배치

No.	제목	발화 시간	발화	중요사항
7	시각장애로 산다는 것은?	2:32	쪼끄만한 젓가락 아니면 펜 같은 거 얇고 긴 거 그런 거가 어디 멀리 있고 가까이인지 잘 구분이 안 갈 때가 있어요. 예를 들어서 식당 가가지고 젓가락 같은 거를 이렇게 받을 때 보통 이게 젓가락이라고 하면 젓가락을 넣으시면 이렇게 받아야 되는데 이게 잘 안 보여서 안 보이는 게 아니라 멀리 있는지 가까이 있는지 잘 구분이 안 가서 약간 요런 식으로 요런 식으로 받을 때가 있어요. 그런 쪼끄만한 사소한 원근감 차이 같은 건데 크게 엄청 불편한 거는 그건 그렇지 않은 것 같아요. 건물이나 차가 구분이 막 구분이 안가진 않기 때문에 어... 그다음에는 **초점 맞추는 게 조금 힘든 것 같아요**. 그러니까 초점 맞추는 게 이렇게 그냥 보고 있는 거에 초점이 안 맞는 게 아니라 그냥 순간적으로 (고개를 오른쪽으로 확 돌리며)이렇게 했을 때 남들보다 조금 더 초점 맞추기가.. 맞추는 속도가 좀 느린 것 같아요. 어 그리고 아무래도 한쪽만 보이다 보니까 좌우에 밸런스 붕괴가 일어나는 건 맞는 것 같아요. 그냥 좀 제일 큰 예로는 눈 근육을 **한쪽만 쓰다 보니까 반대쪽 눈이 사시가 좀 잘 되는 것 같아요**.(오른쪽 손을 좌우로 움직이며) 그래서 지금 약간 사시인데 그런 것도 있고 그리고 반대쪽 눈 근육만 사용을 하다 보니까 안면 비대층이 심해져요. 물론 누구나 다 안면비대칭을 가지고 있긴 한데 저같은 경우는 쪼끔 더 심해진 것 같아요. 그리고 아무래도 뭐 보이지 않는 쪽 반응은, 반응이 좀 더 느리게 나타나는 건 어쩔 수 없는 것 같아요. 그리고 가운데가 조금 헷갈리는 경우가 있어요. 뭐 일상생활에서는 그렇게 막 크게 불편하거나 그런 건 없는데 예를 들어서 이렇게 가만히 서 있는데 한쪽 다리로만 섰을 때 그럴 때 내가 아무리 다리 운동을 해서 다리 근력을 키웠다고 하더라도 한쪽 다리로 서 있는 게 조금 헷갈린다 해야 되나 힘들지 않은데 뭔가 중심이 잘 안 잡혀요. 잘 헷갈려요. 나는 이게 중간이라고 생각해서 중간에 중심을 딱 잡았는데 한쪽으로 치우쳐져 있고 그래서 좀 다른 사람들보다 중심 잡는 게 좀 힘든 것 같아요. 물론 저는 운동을 좀 많이 해서 그나마 괜찮아진 거긴 한데 그래도 다른 사람들, 저만큼 운동하시는 분들에 비하면 좀 잘 못 잡을 것 같아요. 중심을.	원근감 부족: 조그마한 사물, 젓가락,펜 등 조점 맞추기 힘듦, 맞추는 속도가 느림 눈 근육 한쪽만 사용: 반대쪽 눈 사시, 안면 비대층 일상생활에 크게 불편하지 않음 다른 사람들보다 중심 잡는 게 힘듦
		5:43	어 그리고, 정보를 쪼끔 다르게 받아들이는 경우가 있어요. 이건 무슨 말이냐면 다른 사람들에 비해 어쨌든 시력이 부족하기 때문에 다른 감각에 쪼끔 더 의존할 수밖에 없는 것 같아요. 물론 양쪽 다 안 보이는 건 아니지만 보이는 쪽도 시력이 그렇게 좋지 않아서 청각이라든지 촉각이라든지 다른 감각이.. 다른 사람들보다는 더 의존을 할 수 밖에 없는데..똑같은 상황을 겪더라도 정보를 좀 다르게 받아들여요. 똑같은 상황에 처하더라도 어,, 보통 사람들은 시각에 제일 많이 의존을 하죠. 그래서 보이는 걸 제일 많이 기억을 하는데 **저는 들리는 걸 좀 더 많이 기억**을 한다던지 그렇게 조금 정보를 다르게 받아들이는 경우도 있고 그리고 얘기를 하다 보면은 음... 되게 내가 다르게 느끼고 있다고 생각되는 경우는 좀 많았어요. 이건 저만 그럴지 모르겠는데 저는 어쨌든 그랬어요. 그리고 **실명이 됐다고 해서 완전히 까맣게 안 보이는 건 아니에요. 그냥 보통 사람들이 실명을 했다 그러면 그냥 완전 검은색 바탕에 진짜 아무것도 안 보이는 거 아니야? 그렇게 아는데** 그런 건 아니고 이것도 사람마다 차이가 있긴 한데 저는 좀 컨디션이 안 좋으면은 그냥 눈을 감고 있는 느낌? 눈을 뜨고 있지만 감고 있는 그 눈꺼풀처럼 보일 때가 많긴 해요. 까맣게 보이는 경우도 있고 그냥 평상시에는 그 .. 욕실에서 샤워를 하고 나서 거울을 보면 거울 습기가 이렇게 차 있잖아요 그 상태로 보여요. 약간 습기 차 있는 것처럼 불투명 유리라고 해야 되나? 그리고 **빛 감지**는 돼요. 불이 꺼졌다 켜졌다 요 정도는 알 수 있어요. 그리고 시각장애인도 운전면허 따는 게 가능합니다. 이거는 제가 운전을 너무 하고 싶어서 알아본 건데 양쪽 다 실명하신 경우는 불가능하지만은 저처럼 한쪽만 실명을 하는 경우는 운전면허가 가능한데 기준이 있어요. 어떤 기준이냐면 보이는 쪽 눈, 보이는 쪽 눈이 시력 0.8 이상이 나오면 운전면허 취득이 가능하다고 해요. 근데 저는 어..안 돼요. 흐 (웃음) 저는 기준점에 도달을 하지 못하였기 때문에 딸 수 없지만 딸 수 있는 날이 왔으면 좋겠어요.	정보를 다르게 받아들이는 경우 있음. 다른 감각에 더 의존하게 됨. 청각으로 기억을 많이 함 보이는 상태: 컨디션이 안 좋으면 눈을 감고 있는 느낌. 습기 찬 불투명 유리같은 느낌으로 보임 광각(빛감지) 운전면허를 따고 싶어함. 기준이 되지 못해 취득할 수 없음

출처: 유튜브 채널 '희안한 회안Gray eye'

(2) 발화의 하이라이트 시간 기록: 중요한 발화의 동영상 재생 시작 시간을 열(Column)에 작성

(3) 발화 기록: 중요 발화 입력

(4) 중요사항 요약: 중요사항 열(Column)에 해당 콘텐츠의 핵심 내용을 간략히 요약

4) 텍스트 데이터 정제

텍스트 데이터 정제는 발화 내용과 변환된 텍스트의 일치도를 확인하고, 오류를 수정하는 과정을 말한다.

텍스트 데이터 정제

① 클로바 노트를 통해 자동으로 변환된 텍스트와 영상 발화 간에 발생할 수 있는 오탈자, 문맥 오류, 발음에 의한 잘못된 단어 변환 등을 검토

이거는 진짜 보면서 정말 노이로 지고릴 것 같은 장면이었거든요. 봉사하는 소리를 저는 그렇게까지 많이 듣지 않는데 아마 다른 장애인분들 좀 중증 장애인분들을 많이 들으시는 것 같다고 유튜브에서 많이 보긴 봤어요. 나는. 근데 그 봉사하는 것도 좀 많이 답답했는데 그것보다는 마지막에 후배가 갈 때 붙잡고 파이팅 하고 가잖아요. 나 그거 보고 너무 빡찼어. 너무너무 답답하고 pts 오고	(친구들을 보고) 봉사... 이거는 진짜... 보면서 정말 노이로제 걸릴 것 같은 장면이었거든요. 봉사하냐는 소리를 저는 그렇게까지 많이 듣지 않는데 아마..... 다른 장애인 분들 좀 중증 장애인...분들을 많이 들으시는 것 같다고 유튜브에서 많이 보긴 봤어요. 나는 그 봉사하는 것도 좀 많이 답답했는데 그것보다는 그 마지막에 후배가 갈 때 붙잡고 파이팅 하고 가잖아요. 나 그거 보고 너무 빡쳤어. 너무너무 답답하고 ptsd 오고
발화 그대로 텍스트로 변환되어 무슨 의미인지 파악할 수 없는 상태	오탈자 및 발음으로 인한 오류 단어 검토 후 수정

출처: 유튜브 채널 '희안한 회안Gray eye'

② 영상 전체를 재시청하며 발화와 텍스트가 정확하게 일치하는지 확인

③ 여러 사람과 대화하거나 음성 인식 오류로 인해 누락된 부분을 수정, 보완

④ 알아들을 수 없는 부분 메모로 표시, 영상을 재시청하며 앞뒤 맥락 확인

⑤ 자막이 있는 경우 자막과 발화 간의 차이도 검토하여 자막이 제공하는 추가 정보를 반영할지 여부를 판단

⑥ 이 과정에서 중요한 용어나 특정 맥락에서 누락된 정보가 없는지 주의 깊게 확인하고, 발화에서 강조된 부분이 텍스트에서 적절하게 표현되었는지 검토

⑦ 중요 발화는 다른 색상으로 표시

예: 일반적 내용 → 블랙 vs 중요 발화 → 블루(구분이 용이하는 색상으로 지정)

⑧ 비언어적 표현은 다른 색상으로 표시하여 맥락을 빠르게 파악할 수 있도록 작성

> 그리고 저는 현재를 잘 살아가고 있는데 왜 자꾸(고개를 갸우뚱하며) 제가 그 11년이나 지난 과거에 매달리기를 원하시죠? 흐흐 (고개를 갸우뚱하고 웃으며) 네? 왜 그래야 되죠?(웃으며)
> 그냥 제가 제 인생 잘 살아가면 안 되나요? 되돌릴 수 없는 일에 매달리는 건 저는 너무너무(고개를 저으며) 시간 낭비라고 생각해요.
> 저는 미래 지향적인 사고를 할려고 노력 중이고,.. 완벽하게 아니더라도 꽤나 그런 사고를 하고 있다고 생각을 하는데 아니 거기에 매달려서 좋을 게 뭐가 있냐고요 나한테...(웃으며) 이 정도면 제 대답이 충분히 됐다고 생각하구요.

출처: 유튜브 채널 '희안한 회안Gray eye'

⑨ 정제가 완료된 후, 오류를 수정한 최종 텍스트는 원본과 비교해 일관성이 유지되었는지 다시 한 번 검토

영상 no.	제목	업로드 일자	유형 분석	발화 시간	발화
1	[ENG/JPN] 갑자기 시각장애인이 된 나의 이야기, 나는 어쩌다 시각장애인이 되었을까?	2019. 10. 5.	장애 고백	0:33	저는 18살 때 갑자기 시력을 잃게 되었어요. 시각장애인으로 살아간 지도 벌써 9년 째가 다 되어가는데요 저 고등학교 2학년 때 학교가 끝나고 친구들하고 놀다가 집에 가는 버스 안에서 잠이 들었어요. 이제 내릴 때가 돼서 눈을 뜨는데 앞이 하나도 보이지 않는 거예요. '어?' 좀 당황스럽기도 하고 '너무 피곤해서 이런가?' 싶어서 눈을 비비기도 하고 깜빡거리기도 하면서 시력이 돌아오기를 기다렸어요. 근데 이게 불행인지 다행인지 왼쪽 눈 시력은 돌아왔는데 오른쪽 눈은 그대로인 거예요.

				1:05	며칠 좀 쉬어봐야겠다. 쉬는데도 상황이 나아지지가 않아서 동네 안과를 갔는데도 모르겠다는 말뿐이어서 대학병원에 가보니까 "단순 염증이다. 괜찮아지실 거다. 걱정하지 않아도 된다." 사실, '아예 안보이면 어쩌지?'란 고민이 되게 많았었고, 불안함하고 초조함이 싹 사라지더라구요. '그치 이런 일이 나한테 일어날 리는 또 없지.' 하지만 그렇게 안도했던 것도 정말 잠시였어요.
				1:30	한 세달 정도 지났을 때 왼쪽 눈 시력이 갑자기 안 보이는 거예요. 시신경이 점점 약해지는 '레버시신경병증'이라는 병명을 알게 됐고, 그 때부터 18년동안 제가 봐왔던 세상과는 완전히 다른 세상이 펼쳐진 거예요. 그동안 선명하게 봐왔던 모든 것들이 정말 희미하고 뭔가에 가려진 것만 같아 보였어요. 그동안 보던 간판, 제 친구 얼굴, 가족 얼굴 심지어 제 얼굴까지도 하나도 안 보이게 되었거든요.
				2:12	제가 눈이 나빠지고 가장 처음으로 좌절했던 순간은 집 앞에서 길을 잃은 거였어요. 제가 사실 몇년 동안 수천번, 수만번 왔다갔다 했던 길이고 여긴 내가 눈 감고도 다니지 라고 생각했는데 막상 진짜 눈이 안보이니까 하나도 갈 수가 없는 거예요. 저는 독립적으로 살아가야한다고 생각했던 사람이었고 그렇게 살아가고 있었다고 생각했는데 눈이 나빠져서 집을 못 가니까 되게 뭔가 무능한 사람이 된 것 같다.

출처: 유튜브 채널 원샷한솔'OneshotHansol'

5) 연구 대상 선정 시 데이터 다양성 확보의 중요성

유튜브 데이터는 주로 유저 생성 콘텐츠(UGC)로 구성되어 있어, 정보의 정확성과 신뢰성에 문제가 있을 수 있다. 유튜버의 콘텐츠는 개인의 경험과 의견을 반영하는 경우가 많아 객관적 사실보다는 주관적 해석에 치우칠 수 있다.

또한, 인기 유튜버의 콘텐츠나 대중의 관심을 받는 영상은 알고리즘에 의해 노출 빈도가 높아지기 때문에, 다양한 데이터를 확보하지 못한 채 연구에서 이러한 자료만 수집할 경우 편향된 결과를 초래할 가능성이 있다. 특정 주제가 과대 대표되거나, 반대로 노출이 덜된 주제가 간과되는 문제가 발생할 수 있으므로, 연구 대상 선정 시 다양한 측면에서 자료를 검색하고 수집하는 것이 중요하다.

6) 텍스트 데이터 보완을 위한 비언어적 정보의 통합적 접근

유튜브 영상은 텍스트 데이터에 국한되지 않고, 표정, 억양, 몸짓과 같은 비언어적 정보와 촬영 장소, 상황 등 맥락적 요소가 함께 포함된 복합적인 콘텐츠이다. 단순히 텍스트 데이터만으로는 콘텐츠의 전체적인 의미를 완전히 파악하기에는 다소 어려움이 있다. 텍스트 데이터만을 분석하는 경우, 이러한 중요한 비언어적 단서들이 누락될 수 있으며, 결과적으로 콘텐츠의 의미가 왜곡되거나 불완전하게 해석될 수 있다.

콘텐츠의 감정적 맥락을 보완할 경우, "이 제품, 정말 강추해요!"라며 밝은 표정과 함께 긍정적인 억양으로 발화될 때와 무표정한 얼굴과 냉소적인 억양으로 발화될 때는 다른 의미를 전달할 수 있다. 상황적 맥락을 이해할 수 있도록 환경 보호를 다루는 영상에서 푸른 바다 배경이나 쓰레기로 덮인 바다를 배경으로 한 장면을 삽입하면 발화만으로는 느낄 수 없는 시각적 메시지와 정서를 강화할 수 있다.

따라서 텍스트 데이터만으로 콘텐츠를 해석하기보다 이를 보완하기 위해 비언어적 정보와 맥락적 요소를 함께 고려하여 콘텐츠의 배경과 의도를 더욱 정확하게 이해하려는 노력이 필요하다.

비언어적 신호를 처리하는 소프트 웨어의 예

FaceReader(표정 분석)을 사용해 텍스트와 비언어적 신호를 함께 처리하는 기술도 있다. FaceReader는 얼굴 표정 자동 분석 소프트웨어로, 다양한 감정 상태를 자동으로 인식하고 분석한다.

https://varison.co.kr/products/facereader/

FaceReader는 얼굴 표정이 담긴 이미지, 동영상, 라이브 스트리밍에서 약 500개의 얼굴 특징점을 자동으로 인식하여 관심 대상자의 중립, 행복, 슬픔, 분노, 놀라움, 두려움, 혐오감, 경멸 등 기본 7가지 감정 분석 및 각성도(Arousal, 적극 - 소극),정서가(Valence, 긍정 - 부정)의 감정 태도를 분석합니다.

4. 텍스트 분석 방법

데이터 분석은 수집된 텍스트 데이터를 연구 주제에 맞게 정리하고, 영상 속 발화와 행동을 관찰하여 심층적으로 분석하는 중요한 과정이다. 이 과정에서 연구자는 단순히 발화 내용만을 분석하는 것이 아니라, 비언어적 표현과 상황적 맥락까지 고려하여 포괄적인 분석을 진행해야 한다.

인터뷰 없이 영상을 통해 통찰을 얻기 위해서는, 텍스트 데이터는 반복적인 검토를 통해 영상의 맥락(Context)을 깊이 이해하는 것이 중요하므로 이

섹션에서는 유튜브 영상에서 추출한 텍스트 데이터를 효과적으로 분석하는 다양한 기법을 소개한다. 텍스트 데이터는 유튜버의 발화뿐만 아니라, 비언어적 표현, 상황적 맥락, 사회적 상호작용 등을 포함하여, 이를 분석함으로써 언어적 정보 이상의 심층적 이해를 도출할 수 있다.

이러한 분석 기법들은 영상에서 의미 있는 패턴과 주제를 발견하고, 연구 주제에 대한 새로운 통찰을 얻는 데 필수적이다. 텍스트 데이터는 복합적인 메시지를 담고 있어, 이를 분석함으로써 유튜브 콘텐츠를 더 깊이 해석할 수 있다. 궁극적으로, 이 분석 기법들은 질적연구에서 데이터의 깊이를 더해 의미 있는 분석 결과를 도출하는 데 중요한 역할을 한다.

비언어적 표현과 상황적 맥락을 고민한 분석 예시

3. 동정형:눈은 어쩌다 그렇게 되셨어요? (회안: 아.. 어쩌다 보니까 그렇게 됐어요) 어.. 불편하시겠다. 사고로? 옆에 있던 다른 면접관 왈: 면접에 관련된 질문만
(회안 속마음: 아... (긴한숨을 쉬며)여긴 뽑아줘도 안 간다.
안녕하세요. 면접 보러 왔는데요.
4. 의심형: 수업하는 데 지장은 없죠? (회안: 네 지장은 전혀 없어요.) (의심하는 눈초리로) 네 일단 알겠습니다. (회안 속마음: (화난 말투로)지장 없다고 지장0
게 했겠나?
안녕하세요. 면접 보러 왔는데요.
5. 능력주시형: 경력은 3년 정도 되셨고 동작 몇 개만 보여주실래요?(요가 동작하는 영상) 다음 주부터 출근하시고 자세한 거는 문자로 넣어드릴게요.
네 감사합니다.(자막: 속마음: 발장구 마구마구)

<요가 강사 첫수업 경험 재연>
회안: 수백 번의 면접 후 드디어 첫 수업 요가 화이어!!!(기대에 찬 얼굴, 결의를 다지는 목소리 톤)
원장: 오늘 수업 어떠셨나요?(자막)
회원: **오늘 수업은 괜찮았는데 선생님 눈이 좀 징그럽다고 해야 되나 렌즈를 끼던지 안경을 끼던지 뭐 좀 끼고 하라고 하세요. 눈 마주치기 좀 무섭더라고요.**
겨우 면접 붙었는데 왜 또 해고냐고!!!!!(인상찌푸리며 소리침)어우~~(힘빠지는 목소리로 한숨쉬며 고개를 아래로 목아래 쪽까지 떨굼)
(고개를 다시 들고 인위적인 웃는 얼굴로) **뭐 어쩌겠어? 다음 기회 올때까지 수련이나 해야지!**(집배경 매트 펴고 수련동작 영상 백그라운드)
(3:56) (활자세로 카메라를 향해 다가와서 힘빠진 목소리로)**재미없어.....**

출처: 유튜브 채널 '희안한 회안Gray eye'

1) 반복적인 영상 관찰을 통한 발화 분석

유튜브 텍스트 데이터를 분석할 때, 유튜버와의 직접적인 인터뷰 없이 오직 영상 속 발화를 중심으로 분석하는 경우, 관찰은 분석의 핵심적인 역할을 한다.

영상을 반복해서 관찰하고 발화를 주의 깊게 분석하는 과정은 텍스트

이상의 의미를 끌어내는 중요한 방법이다. 영상을 여러 번 보고 듣는 과정을 통해 텍스트의 의미를 더욱 깊이 이해할 수 있으며, 이 과정에서 새로운 정보나 숨겨진 패턴을 발견할 가능성도 높아져 영상에 내재된 의도나 의미가 더 명확하게 드러날 수 있다.

(1) 관찰을 통해 발화의 맥락 이해

유튜브 콘텐츠는 유튜버와 시청자 간의 실시간 상호작용이 일어날 수 있으며, 영상 제작자가 전달하려는 의도는 발화 그 자체뿐 아니라 이미지, 음악, 효과, 화면 배경, 편집 스타일, 발화를 보완하는 자막 처리 등을 통해서도 표현된다. 이를 관찰함으로써 발화가 전달하는 전체적인 커뮤니케이션 구조를 포착할 수 있다.

(2) 비언어적 요소가 발화에 미치는 영향 확인

유튜버의 표정, 제스처 등의 요소가 발화의 의미를 어떻게 강화하거나 변화시키는지 파악할 수 있다. 이러한 요소들은 텍스트 분석과 함께 해석함으로써 발화의 뉘앙스와 의도를 더욱 깊이 있게 파악할 수 있게 하여 발화 내용만으로는 드러나지 않는 복잡한 의미 구조를 구성하는 데 중요한 단서가 된다. 이를 통해 보다 풍부한 인사이트를 도출할 수 있다.

예를 들어, 아래 채널 영상 캡쳐는 편의점에서 점자가 제공되지 않아, 시각장애인이 잔존 시력을 활용해 글씨를 한자씩 확인해야 하는 모습을 담고 있다. 이 장면은 시각장애인이 일상생활에서 겪는 정보 접근성의 어려움을 극명하게 보여주며, 점자나 대체 정보 제공의 부재가 이들에게 얼마나 큰 제약이 되는지를 강하게 전달하고 있다.

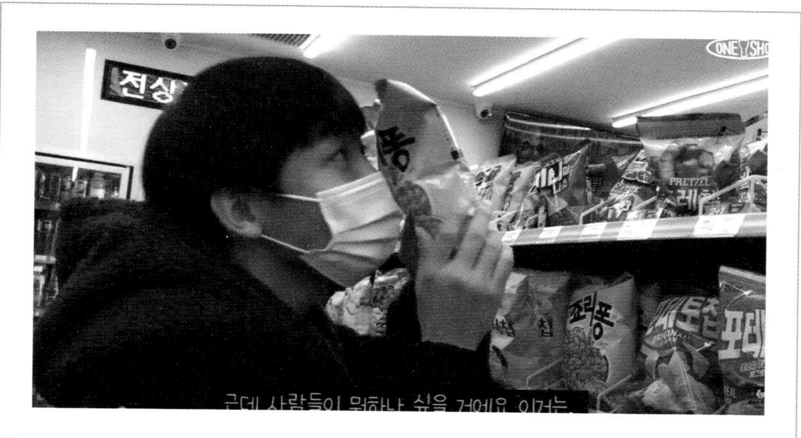

유튜브 채널 '원샷한솔OneshotHansol'

(3) 시청자 반응과 상호작용 패턴 분석

댓글, '좋아요', 실시간 채팅 등 유튜브 콘텐츠는 시청자들과의 동적 상호작용이 이루어지는 공간이다. 관찰을 통해 연구자는 이러한 반응이 발화에 어떤 영향을 미치고, 콘텐츠의 사회적 의미나 수용 방식을 어떻게 변화시키는지 분석할 수 있다.

따라서 유튜브 텍스트 분석에서 관찰은 발화의 맥락적이고 비언어적인 요소들을 통합적으로 이해하는 데 필수적인 요소라 할 수 있다.

2) 분석 과정과 방법

연구자는 먼저 영상을 시청하며 텍스트로 변환된 발화를 분석하고, 주요 패턴과 범주, 주제를 식별한다. 이 과정에서는 언어적 요소뿐만 아니라 비언어적 요소(표정, 제스처, 억양)와 같은 맥락적 정보도 분석에 포함된다.

본 저서에서는 질적연구에서 가장 널리 사용되는 귀납적 주제분석을 적용한 텍스트 데이터 분석 방법을 제시한다(김인숙, 2016). 이와 더불어, 사례분석 방법을 통해 각 유튜버의 개인적인 특정 상황과 사회적 맥락을 심층적으로 탐색하여 독특하고 고유한 경험을 드러내는 사례 내 분석과 유튜브라는 공통적 공간의 경계에서 나타나는 경험의 공통된 의미를 발견하여 이를 분류하고 범주화하는 사례 간 분석을 수행할 수 있다(김지혜, 2024).

사례분석 방법을 통해 유튜브 동영상을 분석한 연구 사례는 다음과 같다.

김지혜. (2024). 중도 시각장애인의 유튜브 동영상에 나타난 장애수용과 장애개방 경험

유튜브 채널의 콘텐츠를 기반으로 새로운 경험의 대상을 탐색적으로 연구하고자 할 때, 현상학 접근을 적용하여 해당 현상의 본질을 깊이 탐색할 수 있다. 특히, 연구 대상이 될 수 있는 채널과 콘텐츠의 수가 방대하여 텍스트 데이터의 양을 확보한 경우에는 현상의 구조와 과정을 동시에 파악하여 이론 정립의 기반을 마련할 수 있는 근거 이론적 접근도 가능하다. 아울러, 연구자가 유튜브 채널 커뮤니티에 가입해 직접 참여하며 연구 현장 속으로 들어감으로써 내부자적 관점을 경험하는 동시에 이를 외부자적 시각으로 관찰하여 문화기술지적 방법론으로 연구를 수행하는 것도 가능하다.

연구 대상이 되는 채널과 콘텐츠의 특성과 데이터 양을 파악한 후, 이에 적합한 질적연구 방법론을 선택함으로써 보다 심층적이고 다각적인 통찰을 도출할 수 있다.

(1) 포괄 분석

포괄 분석은 자료에서 개요(outline)를 얻는 것이다. 텍스트 변환작업을 시작하기 전, 영상을 1.5~1.75배속으로 하여 콘텐츠의 주요 내용을 먼저 파악함으로써 연구자가 필요한 데이터를 효과적으로 필터링하고 시간을 절약할 수 있다.

특히 대형 유튜버 채널의 경우, 영상 수가 많아 작업량이 방대해져 심리적 부담을 느낄 수 있다. 이때 유튜브 요약 도구를 활용하면 핵심 내용을 신속하게 추출하여 작업 효율성을 높이고 부담을 줄일 수 있다. 아래는 활용할 수 있는 유튜브 요약 도구이다.

1 traw.AI

유튜브 URL을 붙여넣어 영상의 요약본을 생성하고, 블로그 노트로 정리하거나 타임라인과 하이라이트 기능을 통해 핵심 내용을 관리할 수 있는 유료 도구이다.

https://traw.ai.

2 Lilys AI

유튜브 URL을 붙여넣기만 하면 한국어로 된 영상 내용을 자동으로 처리하여 요약해주는 무료 도구이다. 특히 한국어 콘텐츠를 요약하는 데 강점을 가지고 있다.

https://www.lily.ai.

3 Corely AI

국내에서 개발된 유튜브 무료 요약 서비스로, 핵심 내용을 빠르게 추출하여 사용자에게 전달한다. 긴 영상을 시청하지 않고도 주요 정보를 파악하는 데 유용하다.

https://corley.ai.

(2) 의미단위 분석

의미단위 분석은 개요를 포괄적으로 이해한 후, 자료 이면에 존재하는 의미를 찾아내는 것이다. 의미단위 분석은 텍스트의 줄, 문장, 문단 단위로 분석하는 미시단위 분석과 중요한 사건을 중심으로 하는 사건 단위로 분석할 수 있다(김인숙, 2016).

유튜브 데이터 분석은 전통적인 인터뷰 전사 텍스트 분석과 달리, 영상의 시각적 맥락을 포함한 상황적 배경을 고려할 수 있고 반복 시청이 가능하므로 유튜브 영상은 발화뿐만 아니라 비언어적 요소와 영상이 촬영된 상황적 배경이 메시지에 중요한 의미를 더 한다. 연구자는 이러한 다양한 요소들을 종합적으로 고려하여 데이터의 의미를 더 풍부하게 파악하고, 유튜버가 전달하는 메시지를 입체적으로 이해할 수 있게 된다.

1 비언어적 요소

유튜버의 표정, 몸짓, 억양 등 비언어적 표현을 분석하여 발화에서 드러나지 않는 감정이나 의도를 파악한다.

예를 들어, 유튜버가 웃고 있지만 발화 내용이 부정적일 경우, 그 미묘한 감정의 불일치를 통해 더 깊은 의미를 유추할 수 있다.

저자가 분석한 영상에서 "아~지금 머리 부상을 입었어요. 제가 돌머리여서 망정이지."라는 발화는 시각장애인 유튜버가 케인(흰지팡이)을 사용해 대학교 등굣길을 독립보행 하던 중, 공중에 있는 장애물을 피하지 못해 다치는 상황에서 웃으면서 한 발화이다. 유튜버의 표정과 상반된 발화로 인해 감정의 불일치가 드러나면서, 이동 중 곳곳에 놓인 장애물로 인한 시각장애인의 이동접근성에 대한 불편함이 극대화된다.

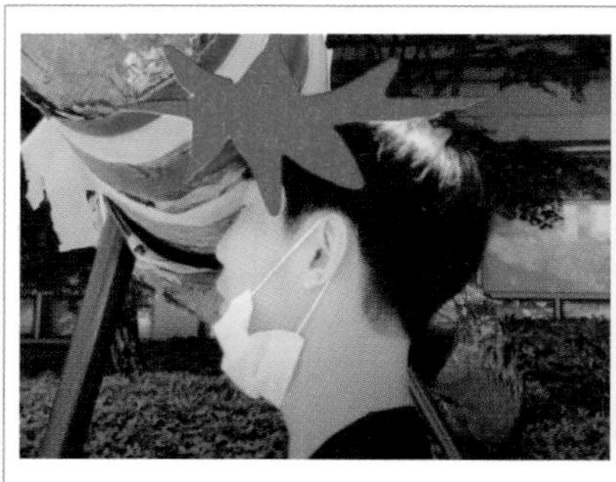

유튜브 채널 '원샷한솔OneshotHansol'

2 상황적 배경

영상이 촬영된 장소, 시간, 배경음악, 촬영 기법 등 상황적 맥락도 분석에 포함된다. 이러한 요소들은 유튜버의 메시지를 강화하거나 반대로 모순된 의미를 전달할 수 있다.

예를 들어, 배경음악은 발화가 전달하고자 하는 메시지의 정서적 맥락을 설정하는 데 큰 역할을 한다. 장애 수용과정에서 겪었던 어려움의 경험을 공유하는 발화와 함께 차분하거나 어두운 음악을 사용하면, 시청자는 해당 메시지에 더욱 깊이 몰입하고 공감할 가능성이 높아진다. 반면에 지속된 악플로 인한 정신적인 고통을 이야기하는 콘텐츠에서 밝고 경쾌한 음악을 사용한다면, 전달하고자 하는 메시지가 오히려 가볍게 느껴져 시청자들의 공감도가 낮아질 수 있다.

따라서 분석 과정에서는 상황적 배경 요소를 함께 고려하여 콘텐츠의 맥락과 의도를 더욱 정교하게 이해할 수 있다.

no	영상 제목	발화 시간	발화	의미분석
42	시각장애 유튜버. 내가 장애 정체성을 가지고 유튜브를 하는 이유	0:53	제가 저의 시각장애에 대해서 설명하지 않으니까 조금씩 오해들이 생기더라고요. 그때는 지금보다 훨씬 시력이 좋은 편이긴 했지만 “정인이는 날 봤는데 인사 안하고 지나갔다. 걔는 먼저 인사하는 경우가 없다. 선글라스를 너무 좋아한다.” 별의별 이야기들이 있었어요.	자신의 장애로 인한 변화를 대학동기들에게 설명하지 않고 감추고 다니면서 대학동기들은 이를 알 수 없어 안 좋은 오해들이 생겨남.
		1:15	한 수업에서 돌아가면서 유인물을 돌아가면서 읽는데 저만 읽지 못했어요. 그 때 처음 동기들에게 “사실 나 시각장애가 있어.” 이런 얘기를 꺼내게 됐어요. 그제서야 이해를 좀 하기는 했지만, 저 스스로도 장애에 대해서 잘 모르고 그걸 어떻게 설명해야 하는지도 잘 모르니까 그 이후로도 이런 오해들이 아예 해소되진 않았어요.	정인은 수업에서 유인물을 읽지 못하게 됐을 때에야 비로소 동기들에게 시각장애를 갖게 된 사실에 대해 공개했지만, 그 당시 정인 스스로도 장애에 대해 이해하지 못해 어떻게 설명해야 할지도 모르는 시기였고, 장애 공개 이후로도 대학동기들의 오해는 완전히 해소되지 않았음.

		1:36	그리고 저도 '어떻게 하면 더 숨길 수 있지? 가릴 수 있지?' 이런 고민들을 되게 많이 했던 것 같아요. 제 인생에서 가장 힘들었던 시기라 함은 그 때였어요. 제가 제 자신을 속이고 나의 장애를 감추면서 스스로 불행한 사람이라고 생각하면서 지냈던 시기.	장애를 최대한 숨기고 가릴 수 있을지를 고민을 하면서 자신을 속이고 장애를 감추면서 스스로 불행한 사람이라고 생각하게 되었고, 되돌아 보니 그 때가 자신을 부인하면서 인생에서 가장 힘든 시기를 겪었음.
		1:54	그 시기가 있었기 때문에 더 더욱 저의 시각장애를 감추거나 숨기고 싶지 않았어요.	장애를 감추고 숨겼던 시기가 있었고, 받아들이지 못하고 부인할수록 인생이 더 힘들다는 것을 깨닫게 되었기에 더 이상 시각장애를 감추거나 숨기고 싶지 않게 되었음.

출처: 유튜브 채널 '별빛정인 STUDIO DEAR J'

(3) 패턴분석

패턴분석은 의미단위 분석을 기반으로 하여 발견되는 것으로, 텍스트 데이터를 면밀히 검토함으로써 영상 속에서 반복적이고 규칙적으로 언급되는 패턴을 발견할 수 있다(김인숙, 2016).

예를 들어, 시각장애 유튜버의 콘텐츠에서 반복적으로 나타나는 것이 시각장애를 가진 사람으로서의 일상생활, 장애 편의시설의 부족으로 인한 불편함, 장애에 대한 사회적 편견과 같은 다양한 이슈일 수 있다.

의미단위들을 지속적으로 비교하다 보면, 다양한 패턴들이 드러나게 된다.

(4) 범주분석

범주분석은 패턴들을 분류하여 무리 짓고 분류하는 것이 범주분석의 핵심으로 패턴들을 서로 비교하고 질문하면서 범주의 속성을 찾아내는 것이다. 이를 통해 패턴들 간에 분류되어 범주와 속성이 생성되고, 의미단위들이 재배치된다(김인숙, 2016). 패턴들은 먼저 하위 범주로 분류한 후, 공통된 범주와 속성으로 통합할 수 있다.

이러한 과정들을 반복해서 거치면서 텍스트 패턴의 복잡한 구조를 체계적으로 정리하고, 각 범주 간의 관계성을 명확히 할 수 있다.

범주	하위 범주	발화
실명 그 자체가 충격	예상치 못한 실명에 충격을 받음	
	J12	시력이 떨어진다는 거 혹은 실명한다는 건 불행이 아닌가 이렇게 질문하시는 분들도 있는데 저도 이제 중도에 장애가 생긴 사람으로서 겪어보지 못한 일을 겪는다는 건 정말 멘붕에 가까운 일이었어요.
	H20	“의사가 시력을 다 잃게 될거고 세상을 못 보게 될 거다.”라는 말을 해 주는데 정말 믿을 수가 없었죠. 이게 어떻게 예상 가능하단 말인가. 말도 안된다.
	우 25	제게 처음 시각장애는 성장통과 같은 느낌이었어요. 갑작스러웠고 언제쯤 없어질까 걱정됐고요.
	우 41-1	“다음날 정말 눈 앞이 뿌옇게 아무것도 안 보이는 거예요. (중략) 그 순간에 든 감정이요? 두려움? 슬픔? 아니요, 그냥 멍했어요. 그리고 “엄마, 아빠한테 어떻게 말하지?” 이 생각 뿐이였어요. 그 때 전 14살이였고요. 부모님한테 말하고 나서 그제야 펑펑 울었던 거 같아요.”
	H24	한 세달 정도 지났을 때 왼쪽 눈 시력이 갑자기 안 보이는 거예요. 시신경이 점점 약해지는 ‘레버시신경병증’이라는 병명을 알게 됐고, 그때부터 18년동안 제가 봐왔던 세상과는 완전히 다른 세상이 펼쳐진 거예요. 그동안 선명하게 봐왔던 모든 것들이 정말 희미하고 뭔가에 가려진 것만 같아보였어요.
	장애에 대한 인지를 하지 못함	
	H11	지금 생각해보면은 슬슬 눈이 안 보여지고 있었던 것 같아요. 근데 그 때는 인지를 못하고 애초에 생각 자체를 솔직히 못하죠.

	H11	아 그냥 넘어갔던 이런 것들이 내가 눈이 나빠지고 있던 그런 것들에 대한 신호였구나. 이런 거를 나중에 저는 좀 알게 됐던 것 같아요. 뭐 그냥 오늘 좀 피곤한가보다 오늘 좀 내가 부주의했구나 아 뭐지? 그냥 신경을 못썼나? 약간 그냥 대수롭지 않게 생각하고 넘어가는 근데 그런 것들이 뭔가 나에게 알게 모르게 줬던 신호가 아니었나.
	실명을 일시적 증상이라 여기며 시력 호전을 기대함	
	H3	딱 그 말을 듣는데 아 이게 무슨 말일까? 저 분이 무슨 말씀을 하시는 거지 나한테?(중략) 근데 제가 지금 보인다. 저는 선생님 얼굴도 보이고 솔직히 핸드폰도 보이고 하는데 제 눈이 조만간 안 보이게 된다는 거죠? 이거를 제가 한 번 더 확인했어요. 말이 안되니까. 애초에 안 보인다는 느낌을 잘 모르겠는데 안 보인다...라 하면서 굉장히 그 순간을 뭔가 에이 말도 안돼. 그니까 심각하게 받아들이는 한편 에이 뭐 나빠져봐야 이게 얼마나 나빠지겠어. 아직 난 세상이 이렇게 보이는데.
	J1	2013년 정도였는데 서울대 보라대병원에 가서 거기에 있는 검진이나 검진을 다 받았어요. 결과적으로는 원인은 알 수 없다 시신경과 세포가 조금 약한 것 같다. 약시이다. 그리고 안경으로도 교정이 안 되는 부분이고 치료법이 딱히 존재하지 않는다라는 이야기를 듣게 됐어요. 당황스러운 결과였는데 다른 방법이 없으니까 앞으로 내가 조금 관리를 잘하고 내가 좀 더 노력을 열심히 하면 눈은 더 안 좋아지진 않겠지라고 생각을 했었어요.
	H3	2010년 18살에 막 조금씩 뭐지? 눈이 왜 이러지?라고 생각할 만한 증상들이 좀 있었었어요. (중략) 한쪽 눈이 안 보인다는 건 버스에서 피곤해가지고 한 쪽 눈부터 이렇게 깜빡깜빡거리다가 어? 한쪽 눈이 아예 안보인다. 세상이 회색빛으로 보이더라구요. 하얀색과 회색이 섞인? (중략) 저도 아 그래? 병원 한 번 가면 괜찮아지겠지. 하고 이제 동네 안과에 찾아갔습니다.

출처: 유튜브 채널 원샷한솔'OneshotHansol'
유튜브 채널 '우령의 유디오'
유튜브 채널 '별빛정인 STUDIO DEAR J'

(5) 주제분석

주제분석은 범주들을 연결하여 주제를 찾아내는 과정이다. 패턴들에서 범주가 묶여지며, 범주들을 연결 지어 범주들의 관계를 추정하는 것이다.

예를 들어, 장애를 가진 유튜버가 자신의 일상생활에서 횡단보도, 지하철, 버스 등 이동 접근성의 문제들을 반복적으로 언급했다면 이러한 패턴을 '이동접근성 문제'라는 주제로 분류할 수 있다. 이후 이 주제가 영상 속에서 사회적 편견이나 제도적 장애물과 어떻게 연관되는지를 분석할 수 있다. 연구자는 이러한 주제들이 영상 속에서 어떻게 다루어지고, 시청자들에게 전달하려는 메시지가 무엇인지 분석해야 한다. 이러한 연관성은 연속적인 조정 과정을 통해 이루어진다. 지속적인 비교하기와 질문하기를 통해 범주와 패턴들이 재명명 · 재구성되면서 스토리 구조가 드러나고 정교화 되는 조정의 연속 과정이다(김인숙, 2016).

5. 연구결과 및 해석

1) 텍스트 데이터의 해석과 연구자의 역할

유튜브 데이터 분석의 최종 단계는 수집된 텍스트 데이터를 해석하는 것이다. 이 과정에서는 분석된 자료의 의미를 깊이 탐구하며, 연구 질문과 어떻게 연결되는지를 심층적으로 밝혀야 한다. 연구자는 범주들을 연결하여 텍스트 데이터를 관통하는 아이디어를 도출하는 과정에서 연구자의 해석이 개입하게 되는데, 이때 연구자의 주관성이 개입될 수 있다. 따라서, 연구자는 자신의 해석이 지나치게 주관적이지 않도록 해석 과정에서 명확한 기준을 설정하고 삼각검증과 반복 분석을 통해 신뢰성을 확보해야 한다.

궁극적으로, 해석은 연구자의 통찰력과 분석력을 바탕으로 데이터를 연구 질문과 연관된 중요한 통찰을 이끌어내는 것을 목표로 한다.

아래는 실명에 대해 중도 시각장애 유튜버가 어떻게 받아들이는지 연구자가 해석한 결과에 대한 예시이다.

> **1. 충격 후 혼란**
>
> 중도 시각장애인 중에서 원인 불명의 희귀난치성질환으로 인해 실명한 경우, 그 원인을 정확히 알 수 없는 병에 의한 것일 때 심리적 충격과 혼란의 과정을 경험하게 된다.
>
> **1) 실명 그 자체가 충격**
>
> 중도 시각장애인은 예상하지 못한 갑작스러운 실명으로 믿기 않는 현실을 맞닥뜨리게 되었다. 자신의 인생에서 '장애인'이 되어 살아가는 삶에 대해 단 한 번도 생각한 일이 없었기에 앞으로 세상을 볼 수 없다는 의사의 말에 정신이 붕괴될 정도의 충격을 받게 되었다. 갑자기 장애인이 되어 삶의 방향을 비자의적으로 전환해야 한다는 사실에 그리고, 앞으로 겪어야 할 미래를 '불행'이라는 단어로 함축하기에는 버겁고 믿기지 않아 막연하고 암담했다.

김지혜, 정익중, 김재연. (2024). 시각장애인의 장애수용에 관한 질적연구: 유튜브 동영상을 중심으로

2) 내부자적(emic) 및 외부자적(etic) 접근을 통한 주제 해석

주제를 해석하는 접근에는 내부자적(emic) 관점과 외부자적(etic) 관점이 있으며, 이 두 접근은 상호 보완적일 수 있다(김인숙, 2016). 내부자적 접근은 연구자가 연구참여자의 시각을 반영하여 현상의 의미를 그들의 경험과 맥락 속에서 이해하려는 방법으로 연구자가 특정 현상을 깊이 이해하는 데 도움을 준다. 반면, 외부자적 접근은 외부 관찰자의 시각에서 객관적으로 해석하는 방식으로 더 넓은 사회적, 문화적 맥락 속에서 주제를 분석하게 하여 현상을 더 큰 틀에서 평가할 때 효과적이다.

유튜브 콘텐츠 분석에서는 내부자적 접근을 통해 유튜버나 제작자의 의도와 맥락을 깊이 파악하고, 외부자적 접근으로 이를 사회적 담론이나 디지털 미디어 환경 속에서 분석함으로써 보다 다층적이고 균형 잡힌 해석을 이끌어 낼 수 있다.

질적연구에서 가장 궁극적 가치는 연구자가 외부자적 관점에서 연구결과의 의미를 해석할 수 있는지의 여부에 달려 있다(Padgett, 1998). 연구자는 각 주제 간의 연결성과 상호작용을 분석하여 특정 주제가 다른 주제에 미치는 영향을 평가할 수 있고 이를 통해 유튜브에서 전달하는 메시지를 보다 깊이 있고 다층적으로 이해할 수 있다.

예를 들어, 유튜브를 통해 중도 시각장애인의 장애 경험에 대한 탐색을 목적으로 했으나, 분석 결과 내부자적 관점에서 장애수용의 경험을 탐색하였고, 외부자적 접근을 통해 이들이 개인적 차원의 장애수용을 넘어 유튜버로서 외상 후 성장과 같은 사회적 변화를 추구하는 확장된 성장 양상으로 나타나 추후 후속 연구로서의 가능성을 발견하였다.

3) 다차원적 분석을 통한 유튜브 콘텐츠의 의미 파악

다차원적 분석을 통해 연구자는 텍스트 데이터뿐만 아니라 비언어적 요소와 상황적 맥락을 함께 고려한 해석을 도출할 수 있다. 예를 들어, 유튜브가 악플에 대해 '정말 감사해요'라고 말했지만, 유튜버의 표정, 몸짓, 배경음악, 조명 등의 비언어적 요소를 분석하면 텍스트만으로는 파악하기 어려운 미묘한 의미를 발견할 수 있다. 이러한 비언어적 표현은 시청자에게 콘텐츠의 감정적 뉘앙스나 의도를 전달하는 데 중요한 역할을 한다.

상황적 맥락은 해석에 필수적 요소이다. 특정 콘텐츠가 업로드 된 시점이나 당시의 사회적 · 문화적 상황은 시청자 반응에 큰 영향을 미칠 수 있다. 예를 들어, 코로나 팬데믹 기간 동안 집에서 만들 수 있는 요리 콘텐츠들이 다수 게시되었는데, 집에서 만드는 달고나, 생크림을 얹은 비엔나 커피, 머랭 쿠키 등은 그 시기의 사회적 불안과 맞물리며 평소와 다른 의미를 전달할 수 있다. 이러한 다차원적 분석은 단순히 텍스트 발화에만 의존하지 않고, 콘텐츠의 여러 층위를 종합적으로 분석함으로써 시청자에게 전달되는 복합적인 메시지를 더 깊이 이해할 수 있게 한다. 결과적으로, 디지털 플랫폼에서 발생하는 새로운 커뮤니케이션 방식과 사회적 담론을 분석하는 데 중요한 통찰을 제공하게 된다.

4) 연구 대상 및 데이터의 특수성 고려

연구 결과는 특정 사회적, 문화적 맥락에서 중요한 함의를 가지며, 연구자가 제시한 통찰이 해당 분야에 어떻게 기여할 수 있는지를 명확하게 설명해야 한다. 하지만 연구의 한계도 함께 고려해야 한다. 연구에서 사용된 텍스트 데이터가 특정 플랫폼(유튜브)에서만 수집되었을 경우, 그 결과는 다른 디지털 플랫폼이나 오프라인 환경에서는 동일하게 적용되지 않을 수 있다.

유튜브 콘텐츠는 주로 5분 이내로 제작되는 경우가 많아, 내용이 충분히 수집되지 못하고 맥락 이해에 한계가 있을 수 있다. 예를 들어, 어려웠던 유년 시절의 경험이 간략하게 다루어져 단편적인 정보만 제공될 수 있다. 그러나 유튜버가 집필한 책에서는 이러한 경험이 더 자세히 묘사되거나, 다른 채널에서 유년 시절 경험에 대해 보다 구체적이고 깊이 있는 이야기를 들려줄 가능성도 있다. 이러한 한계는 연구 결과의 일반화 가능성에 영향을 미칠 수 있으며, 결과 해석 시 신중한 접근이 필요함을 시사한다. 따라서 연구자는 자료의 다각화를 통해 연구의 타당성을 높일 수 있도록 노력해야 한다.

5) 텍스트 데이터 분석의 타당도 확보

(1) 질적연구 소프트웨어 활용 시 해석의 주의

분석에 사용된 특정 소프트웨어나 AI에만 의존할 경우, 해석이 다르게 될 가능성이 존재한다. 연구자는 그 결과가 한정된 범위 내에서 해석된다는 점을 인식하고, 그 영향력을 신중하게 평가해야 한다. 후속 연구에서는 이러한 한계를 보완하기 위해 더 다양한 데이터 소스를 포함하거나, 다중 플랫폼에서 수집된 자료를 비교 분석할 수 있다. 또한, 비언어적 요소와 상황적 맥락을 더 정교하게 분석할 수 있는 도구를 활용해 해석의 폭을 넓히는 방향으로 연구를 발전시킬 수 있다. 이를 통해 연구 결과의 신뢰성을 높이고, 디지털 환경에서 발생하는 사회적 현상에 대한 더 깊이 있는 통찰을 제시할 수 있다.

(2) 신뢰도 저해요인 호손 효과(Hawthorne Effect) 발생

유튜브의 콘텐츠는 연출된 요소나 관찰되고 있다는 인식 때문에 연구의 신뢰도에 영향을 미칠 위험이 있다. 호손 효과는 연구나 실험 대상이 자신이 관찰된다는 사실을 인식할 때 행동이 달라지는 현상을 말한다. 이 용어는 1920년대 시카고의 호손 공장에서 진행된 연구에서 유래했으며, 당시 연구자들이 직원들의 작업 환경과 생산성의 관계를 조사하던 중 조명이나 작업 조건을 변화시키지 않더라도, 관찰하고 있다는 사실만으로도 생산성을 높인다는 사실을 발견했다. 이를 통해 관찰자의 존재가 피관찰자의 행동에 변화를 줄 수 있음이 처음 체계적으로 입증되었고, 이후 이 현상을 호손 효과라 부르게 되었다.

1 호손 효과가 어떻게 발생하는가?

호손 효과는 유튜버가 카메라 앞에서 자신이 관찰되거나 평가받는다고 느낄 때 발생할 수 있다. 유튜버들은 영상이 대중에게 공개될 것을 알기 때문에 평소보다 더 신경 쓰거나 다르게 행동하는 경향이 나타난다. 이는 자연스러운 행동보다 연출되거나 가공된 행동으로 이어질 가능성이 높다.

2 구체적인 예시

질적연구에서 면접 시 참가자들은 연구자가 듣고 있다는 사실을 인식해 평소보다 더 긍정적이거나 사회적으로 바람직한 답변을 할 수 있다. 예를 들어, 유튜버가 일상을 기록하는 브이로그를 촬영할 때, 카메라가 켜져 있는 것을 의식해 평소보다 활기차고 긍정적인 모습을 보일 수 있다. 평소에는 평범하거나 피곤하게 지내더라도 촬영 중에는 시청자에게 좋은 이미지를 주기 위해 에너지를 더 많이 쏟거나, 흥미로운 활동을 연출할 가능성이 있다. 또 다른 예로, 정서적인 주제를 다룰 때 유튜버는 시청자의 반응을 의식해 자신의 감정을 과장하거나, 더 극적으로 표현할 수 있다. 이 경우, 관찰되고 있다는 인식이 유튜버의 자연스러운 반응을 변형시키는 요소가 된다.

3 연구에 미치는 영향

호손 효과는 유튜브 영상 및 텍스트 분석 연구에 영향을 미칠 수 있다. 그러므로 연구자는 유튜브 영상을 분석할 때, 유튜버의 행동이나 발언이 자연스러운 것인지, 관찰된다는 인식으로 변화된 것인지를 구분하고 판단하는 과정이 반드시 이루어져야 한다. 호손 효과로 인해 나타나는 연출된 행동은 연구 데이터의 신뢰성을 저해할 수 있기 때문이다. 연구자가 이를 고려하지 않으면, 관찰 효과로 인한 변화가 실제 변화로 오인될 가능성이 있으며 결과를 왜곡할 위험이 있다. 따라서 연구자는 호손 효과를 최소화하려는 노력이 필요하다.

4 어떻게 대응할 수 있는가?

호손 효과를 줄이기 위해 반복 관찰과 비교 집단 설정을 활용할 수 있다. 연구자는 호손 효과를 염두에 두고 다양한 영상 자료를 분석해야 하며, 유튜버의 여러 상황을 비교하거나, 시청자와의 소통 없이 기록된 영상을 비교하여 호손 효과의 영향을 최소화할 수 있다. 라이브 스트리밍처럼 유튜버가 실시간으로 시청자와 상호작용하는 상황은 보다 자연스러운 행동이 관찰될 가능성이 높다. 또한, 유튜버와의 심층 인터뷰를 추가적으로 실시하여 영상 속 행동과 실제 행동의 차이를 파악하는 것도 이러한 간극을 줄이는 데 도움이 될 수 있다.

CHAPTER 06 ▶ ⏭

유튜브 댓글 연구하기

연구의 목적과 주제 선정

1) 연구 목적: 유튜브 영상에 대한 반응 연구, 시청자와 상호작용 연구
2) 주제 선정: 유튜브 댓글 분석에 적합한 주제인지 확인

분석 대상 기준 선정

1) 영상 선택의 기준: 높은 조회수 또는 이슈화된 키워드
2) 댓글 데이터 수집 기준: 대댓글, 좋아요 기능 등 포함 여부 고려
3) 댓글 데이터 자료 수집 기간 1~3일 등 최소한의 기간으로 설정

댓글 데이터의 수집과 정제

1) 자료 수집
 (1) 활용 툴: YouTube Data API, HTML 문서를 통한 웹 스크래핑(Web Scraping)
 (2) 수집 시 유의사항: 개인정보 보호 등 윤리적 고려 필요
2) 댓글 데이터의 정제
 (1) 댓글별 데이터의 특성 파악하기
  ① 정보성 댓글
  ② 조언 댓글
  ③ 소감 댓글
  ④ 의견 댓글
  ⑤ 이전 댓글에 대한 응답 댓글
  ⑥ 개인적인 감정 표현 댓글
  ⑦ 일반 대화 댓글
  ⑧ 사이트 프로세스 댓글

⑨ 비디오 콘텐츠 설명 댓글
⑩ 스팸 댓글 또는 차단된 댓글
(2) 댓글 데이터 정제하기
① 불필요한 데이터 제거하기
② 자신의 연구 목적에 맞도록 정제하기
③ 기본적인 텍스트 마이닝 데이터 전처리 과정 거치기

댓글 분석 방법

1) 다양한 분석 방법의 활용
(1) 단어 빈도 분석과 워드 클라우드
(2) N-gram 분석
(3) 감성분석
(4) 토픽모델링
(5) Word2Vec

연구결과 및 해석

1) 대표성의 한계
2) 알고리즘과 편향성 문제
3) 감정적 표현 및 맥락 해석 유의
4) 작성 시점 이슈 및 작성자 시점 고려
5) 다른 분석 방법과의 결합 및 연구 결과의 한계 인식

유튜브 댓글 데이터 분석 프로세스

1. 유튜브 댓글 연구의 목적과 주제 선정

1) 유튜브 댓글 연구의 필요성

유튜브는 영상 콘텐츠가 기반이 되는 세계 최대 동영상 플랫폼이지만 유튜브는 영상 외에도 다양한 기능들을 제공하고 있다. 이 중에서도 영상을

시청하는 시청자들에 대한 직접적인 반응과 영상을 업로드하는 제작자와 시청자들의 직 · 간접적인 상호작용을 연구하기 위해서는 '댓글'이라는 공간을 주목할 필요가 있다.

최근 인터넷의 경우 참여 문화의 특징을 가지고 있는데, 유튜브에서의 참여 문화 공간이 되는 가장 큰 장소가 '댓글' 기능이다. 영상분석 및 발화 분석을 진행하는 경우 영상을 업로드하는 제작자들이 영상에서 전하고자 하는 메시지와 내용에 대해서 심층적으로 분석하는 데에 적합하지만, 댓글이라는 공간은 이를 시청한 시청자들의 반응과 영상 제작자와의 상호작용을 알아보기 위해서 연구를 수행할 수 있다.

특히 댓글의 경우 유튜브를 이용하는 다양한 사용자들이 손쉽게 참여할 수 있기 때문에 사용자 역시 다양한 계층과 배경을 가진 사람들이 참여할 수 있는 공간이다. 또한 해당 영상과 관련해서 실시간으로 다양한 반응을 알아볼 수 있다는 특징이 있다.

2) 주제 선정

유튜브 댓글을 대상으로 연구를 진행하기 위해서는 자신이 하고자 하는 연구가 유튜브 댓글 분석에 적합한 연구인가에 대한 검토가 필요하다. 유튜브에서 댓글이라는 공간은 다양한 계층과 배경을 가진 사람들이 쉽게 접근할 수 있는 공간이기 때문이다. 이에 어떠한 특정 대상들의 반응을 이해하기 위한 연구보다는 관련 주제에 대한 다양한 사람들, 즉 대중들의 반응을 이해하기 위한 연구에 적합하다.

하지만 해당 댓글이 존재하는 영상 및 채널의 대상은 최근 이슈화되는 특정한 주제나 구독자가 많고 영상의 조회 수가 높은 대형 유튜버 등으로 한정하는 것이 적합하다. 그 이유는 최근 이슈화된 주제일수록 관련 주제에 대한 다양하고 새로운 콘텐츠가 제작되기 때문에 특정 대상에 편향되지 않고 다양한 댓글을 수집하기에 적절하다. 또한, 대형 유튜버 역시 관련 영상 내에 많은 사람들이 접근하여 다양한 댓글을 달기 때문이다.

2. 댓글 연구의 분석 대상 기준 선정

연구대상 선정 기준은 모든 연구에서 중요하지만, 유튜브 댓글을 연구하기에 앞서 고려해야 할 점은 연구하고자 하는 영상에서의 댓글 데이터가 충분한지이다. 그 이유는 유튜브에는 하루에도 많은 영상이 업로드되고 있지만, 모든 영상에 이러한 댓글이 달리는 것은 아니기 때문이다. 반대로 영상의 많은 조회 수는 댓글 수와 연관이 있지만, 반드시 조회 수가 높다고 해서 해당 댓글이 많다는 보장은 없다. 이처럼 댓글 수가 적다는 것은 댓글 연구 분석의 결과가 특정 사용자의 의견으로 편향될 가능성을 가지게 한다. 이에 유튜브 댓글 연구를 수행하기 위해서는 하고자 하는 연구 주제에 맞는 영상에 대한 댓글 데이터가 충분한지 먼저 살펴보는 것이 필요하다.

분석하고자 하는 댓글에 대한 데이터가 충분한지 알아보았다면, 분석 대상 기준을 설정해야 하며 크게 세 가지 기준을 고려할 수 있다.

1) 분석 영상 선택 기준

첫 번째는 분석하고자 하는 영상을 선택하는 기준이다. 댓글 연구에서 영상 기준의 추천 방법은 선정된 채널 내에서 조회 수가 높은 영상 순으로 필터링하여 해당 채널 내 조회 수가 높은 영상의 일부로 기준을 둘 수 있다. 이는 같은 채널이어도 조회 수가 높은 영상일수록 많은 시청자에게 노출되었기 때문에 이슈화된 주제일 확률이 높고, 댓글이 많을 확률이 높기 때문이기도 하다.

다른 방법은 연구에 맞는 특정 키워드로 필터링한 영상이다. 이처럼 연구 주제에 맞는 특정 키워드의 경우 해당 주제에 대한 중요한 키워드일 확률이 높기 때문에 해당 키워드 영상의 경우 해당 주제에 관심이 있는 많은 사람들에게 노출될 가능성이 크다. 키워드를 중심으로 선정하는 경우 한 채널만이 아닌 해당 이슈에 대한 전반적인 채널의 시청자들의 반응을 살펴볼 수 있다는 장점이 있다.

이처럼 분석 영상 선택 기준에 있어서는 조회 수 및 키워드 필터링 방법을 고려할 수 있으며 연구 목적 및 대상에 따라 두 가지를 함께 고려할 수도 있다.

2) 댓글 데이터 수집 기준

다음으로는 선정된 영상 내 댓글 데이터를 어디까지 수집할지에 대한 기준이다. 이는 앞서 영상 선정 기준에 맞추어 모든 데이터를 선정할 수 있지만, 연구에 따라서는 연구에 필요한 데이터 이상의 너무 많은 댓글 데이터 자료가 수집될 수 있다. 이러한 경우에는 댓글 선정에 대한 기준을 추가적으로 설정하는 것이 요구된다. 세부적으로 유튜브에서는 댓글에 대한 대댓글(답글) 기능을 제공하기 때문에, 대댓글을 연구 데이터로 자료에 포함할 것인지, 제외할 것인지에 대한 고려가 필요하다.

또한, 댓글에 대한 반응으로 '좋아요'의 기능이 있는데 해당 기능을 활용하여 해당 댓글에 얼마나 많은 사람이 공감하였는지를 파악할 수 있다. 연구자는 이러한 기능을 통해 '좋아요'가 많은 상위 몇 개의 댓글 등으로도 기준을 설정할 수 있다. 다만, 유튜브에서는 '좋아요' 기능과 상반된 댓글에 대한 부정적인 반응인 '싫어요'에 대한 기능도 제공하고 있으나, '싫어요'에 대해서는 몇 명이 반응했는지 공개되어 있지 않기 때문에 수집 기준에서 제외하는 것이 적절하다.

3) 댓글 데이터 자료 수집 기간 설정

마지막으로 가장 중요한 수집 기준은 댓글 데이터 자료 수집 기간을 설정하는 것이다. 그 이유는 유튜브 댓글은 누구에게나 열려있는 공간이라는 특징이기 때문이다. 해당 채널 운영자인 유튜버가 댓글 작성 제한을 설정하지 않는 이상 해당 댓글 공간에는 지속해서 새로운 댓글이 올라올 것이다.

즉, 유튜브 댓글 연구를 위해서는 댓글 데이터를 언제부터 언제까지 수집할 것인지에 대한 기간을 필수적으로 설정해야 한다. 또한, 논문 등의 보고서에서는 자료 수집 일자와 함께 영상 업로드 일자 등을 함께 명시하여 시점에 따른 시청자들의 의견과 반응과 변화 등을 파악할 수 있어 연구의 신뢰성을 높일 수 있다.

Tip 댓글 데이터 수집 전 필요한 정보와 기준을 파일로 정리

댓글 데이터 수집에 앞서 댓글 분석을 진행하려는 채널 및 영상에 대한 정보를 사전에 정리하는 것을 추천한다. 유튜브 댓글의 경우 일자에 따라 새로운 댓글이 올라오는 공간이므로, 날짜에 따라서 연구로 사용할 데이터가 달라질 수 있다. 이를 방지하기 위해 연구 수집 기준에 따른 관련 자료를 엑셀 파일 내에 정리하고, 이후 최소한의 기간을 설정하여 댓글 데이터를 한 번에 취합하는 것이 좋다.

저자의 경우 채널 선정 이후 영상은 조회 수가 높은 순서대로 채널별 5개씩 대상을 선정하였고, 세부 댓글 기준은 대댓글을 제외하고 수집하는 것으로 기준을 선정하였다. 댓글 데이터 수집 전 연구에 필요한 정보와 선정된 채널 및 영상 제목, 업로드 일자와 영상의 URL 등을 엑셀 표로 정리하였으며 1~3일 정도의 기간을 설정하여 영상의 조회 수를 확인하고, 해당 댓글 데이터를 수집하였다.

채널명	장애유형	구독자수	URL(조회수순 5개)	영상제목	업로드 일자	조회수
A	뇌병변	12.8만명	https://www.youtube.com/watch?v=wyluRwn9g**	주저하는 연인들을 위해 - 잔나비 (JANNABI)	201*. 5. *.	1,002,031
			https://www.youtube.com/watch?v=qC8buNaqL**	스토커 - 10cm (cover by 노래하는 **)	201*. 6. *.	608,251
			https://www.youtube.com/watch?v=yC5tU6cwM**	시청자들 한테 폭탄 발언하는 노래하는 **	202*. 4. 1*.	86,305
			https://www.youtube.com/watch?v=dH5ts9rA9**	이번 사건에 대해 말씀드리겠습니다.	202*. 4. *4.	48,793
			https://www.youtube.com/watch?v=5anmK-ToJ**	** BBQ 자메이카 통다리구이 먹방	202*. 3. *1	33,894
B	뇌병변	1.07만명	https://www.youtube.com/watch?v=i_e4CcXUp**	저는뇌병변장애인입니다	201*. 4. *5	56,312
			https://www.youtube.com/watch?v=p5ENeGBtH**	수제탕수육먹방(웃음주의)	201*. 1. *.	44,940
			https://www.youtube.com/watch?v=5tHVayD-K**	장애인 컨셉으로 오해분들을 위해 이 영상을 올립니다	201*. 5. *0.	34,459
			https://www.youtube.com/watch?v=MkcKrPTl6**	빌리지운하실력을 보여드릴게요 너무 못해서 죄송해요 ㅠㅠㅠ	202*. 1*. *2.	15,081
			https://www.youtube.com/watch?v=Zulig_Kxe**	**이형이 저의 집에 놀러왔어요!!!	202*. 1*. 1*.	13,197
C	정신	19.2만명	https://www.youtube.com/watch?v=ollWSgKd_xl&t=**	[먹방]**이의 첫 먹방&연애이야기	202*. 1. *1.	557,104
			https://www.youtube.com/watch?v=4ugGvtcLY**	[토크] (무엇이든 **)후기..여러분 진심으로 감사합니다	202*. 3. *0	359,773
			https://www.youtube.com/watch?v=bqHSICOG3**	[토크]괴성을 지르는남자!! 무서워하지마세요	202*. 1. *.	225,412
			https://www.youtube.com/watch?v=VJdE98gJY**	[토크]****...뚜렛증후군환자로써 저의 진심을전합니다	202*. 1. *	216,510
			https://www.youtube.com/watch?v=7m9bDk5x-**	수술과정 공개합니다(쇼크가 왔어요)	202*. 1*. 1*.	192,147

3. 댓글 데이터의 수집과 정제

1) 유튜브 댓글 데이터 자료 수집 방법

유튜브 댓글을 분석하기에 앞서 주제를 선정하고 기준을 선정했다면, 선정된 기준에 맞추어 댓글 데이터를 수집하는 것이 필요하다. 유튜브 댓글 자료의 경우 실시간으로 확인할 수 있기 때문에 일일이 수작업으로 할 수도 있지만 자동화된 툴 등을 사용하여 수집하는 것이 편리하다. 자동화된 툴을 사용할 경우 쉽게 다양한 데이터를 수집할 수 있다는 편리성 외에도 한 번에 여러 데이터를 수집하기 때문에 해당 댓글 수집 기간에 대해서 충분히 명시한다면 실시간으로 추가되는 댓글을 어떻게 제한하고, 한정할 것인가에 대한 의문점도 해소할 수 있다는 장점이 있다.

(1) 활용 가능한 툴

댓글 데이터 자료를 수집하는 데 사용할 수 있는 몇 가지 툴에 대해서 설명하고자 한다. 세부적인 수집 방법에 대해서는 본 저서의 CHAPTER 03 내 자동화된 툴 활용(p. 43) 과 함께 각 툴을 활용한 데이터 활용 저서 등을 참고하길 권장한다.

① YouTube Data API

YouTube Data API는 본래 개발자가 유튜브에서 데이터를 검색하거나 가져올 수 있도록 자동화한 도구이다. YouTube Data API에서는 채널의 구독자 수, 총 조회 수나 채널 이름과 같은 채널 정보와 비디오 동영상의 조회 수 및 좋아요 수, 제목, 업로드 시간과 같은 비디오 정보 등에 대한 다양한 데이터를 수집할 수 있는데 댓글과 관련된 데이터도 수집할 수 있다.

YouTube Data API를 활용하여 수집할 수 있는 댓글 관련 데이터는 다음과 같다. 댓글 자체에 대한 내용 및 대댓글(답글) 내용과 댓글 작성자의 닉네임, 채널 ID 등의 댓글 작성자 정보, 댓글을 처음 작성하고 마지막으로 수정된 날짜와 시간 등이 있다. 또한, 해당 댓글이 받은 좋아요 수와 대댓글 수와 같은 양적 데이터를 비롯하여, 전체 댓글을 작성 시간 순이나 관련성 순으로 정렬할 수 있도록 하는 기능도 제공하고 있다.

YouTube Data API 사용의 장점은 무엇보다 구글에서 직접 제공하는 기능이므로 유튜브 데이터 수집에 특화되어 있다는 점이다. 또한, 유튜브 데이터를 수집하는 데에 공식적인 방법이라는 점에서 연구의 윤리적인 관점에서는 좋은 장점이 될 수 있다. 그러나 연구에 따라서 다양한 데이터가 수집되기 때문에 데이터 수집 약관 등에 대해서는 연구자가 한 번 더 짚고 넘어가야 할 필요가 있다. 특히 YouTube Data API로 관련 데이터를 수집하기 위해서는 일일 할당량이 정해져 있고, 추가 할당량을 사용하기 위해서는 유료 구입이 필요하므로 이에 대한 유의가 필요하다.

② HTML 문서를 통한 웹 스크래핑(Web Scraping)

YouTube Data API 외에도 댓글 수집에 활용할 수 있는 자동화된 도구는 프로그래밍 언어를 활용한 웹 스크래핑 방법이다. 이러한 방법을 사용하는 이유는 YouTube Data API를 사용할 경우 할당량 추가가 필요하며, 이로 인해 많은 비용 부담이 될 수 있기 때문이다. 댓글 데이터를 수집하는 데에 대략적으로 댓글 한 개의 1 할당량이 소모된다고 알려져 있는데 실제 관련 데이터를 수집하다 보면 대댓글 등을 비롯하여 생각보다 많은 할당량이 필요해진다. 이를 보완하기 위해 프로그래밍 언어를 활용하여 유튜브 내의 데이터를 수집할 수 있다.

웹 스크래핑 방법 중 유튜브 댓글을 수집하는 데 가장 많이 활용되는 방법은 Python의 BeautifulSoup과 Selenium 패키지를 조합하여 활용하는 것이다. Selenium은 스크롤을 내리는 등 동적인 로드 방식을 자동적으로 수행해주는 기능이며, BeautifulSoup 패키지는 해당 웹 페이지의 정보를 스크랩할 수 있도록 하는 기능을 한다. 즉, 댓글 수집 시 Selenium 패키지를 활용하여 자동 스크롤을 통해 댓글을 모두 로드한 뒤에 BeautifulSoup 패키지를 통해 관련 댓글 텍스트, 작성자, 좋아요 수, 작성 시간 등의 데이터를 수집할 수 있다.

웹 스크래핑 방법의 경우 YouTube Data API에 비해 많은 데이터를 수집하는 데에 좋다는 장점이 있지만 다소 데이터 수집에 불안정하거나, 너무 많은 데이터를 한 번에 수집하는 경우 데이터 수집 자체를 차단당할 수도 있다. 실제 YouTube Data API는 유튜브 사용자의 프라이버시를 존중하고, 유튜브 서버 부하 등을 고려하여 데이터 수집을 하도록 설계되어 있어 유튜브 서비스 약관에서는 API 사용을 권장하고 있다. 하지만 이러한 웹 스크래핑 방식은 사용자의 개인정보를 고려하지 않고 무분별하게 데이터를 수집하여 윤리적인 문제가 발생할 수 있다. 그 외에도 많은 데이터 수집으로 서버에 부하를 주면 서비스 방해로 간주될 수 있고 이 경우 유튜브 등과의 법적 문제까지 발생할 수 있다.

따라서 연구자는 유튜브 댓글 데이터 수집 시 어떠한 방법을 선택할 것인지 각 방법의 위험과 한계를 신중히 고려해서 선택해야 한다.

(2) 댓글 데이터 수집 시 유의사항

유튜브 댓글 데이터 수집 과정에서 유의해야 할 점은 개인정보를 충분히 보장하는 것이다. 그 이유는 영상의 특징에 따라서는 댓글에는 개인적인 이야기가 포함될 수도 있고, 그 결과 해당 사용자가 특정될 수 있다는 가능성이 있다. 연구자는 댓글 분석을 하는 과정에서 어떻게 익명성을 보장할 것인지에 대해서 충분한 고려가 필요하다. 이에 앞선 자동화된 툴을 사용하여 수집된 댓글의 경우 이러한 점이 포함되지 않았는지 한 번 더 확인하는 작업이 필요하다.

또한, 연구자는 데이터 수집에 자동화된 툴을 사용할 때에 유튜브 댓글에 대한 데이터를 사용하는 데에 준수해야 할 법적, 윤리적 사항 등을 충분히 인지할 필요가 있다. 이와 더불어 실제 연구 계획서나 논문 작성에 있어서도 해당 연구에 있어서 관련 저작권 및 데이터 사용에 대해서 어떤 준수사항 등을 고려하였는지 함께 제시할 필요가 있다.

저자의 경우 윤리적 고려를 위해 연구 발표 보고서에는 채널명을 A, B,

C 등으로 변경하여 익명화하거나, 해당 유튜브 채널에 사전에 연구 동의를 얻는 등의 방안을 모색하였다.

2) 댓글 데이터의 정제

수집된 댓글 데이터는 주로 CSV 등의 파일 형식으로 저장되며, 이는 엑셀 파일 등을 통해 확인하거나 수정할 수 있다. 하지만 분석에 앞서 댓글의 경우 다양한 배경의 사용자들이 손쉽게 접근하고 작성하는 공간이기 때문에 연구에 불필요한 데이터를 정제하는 과정을 거쳐야 한다. 즉, 수집된 댓글 데이터에서 불필요한 데이터를 제거하고 나의 연구의 분석에 맞게 정리하고 가공하는 과정인 '데이터 전처리' 과정을 거쳐야 한다.

(1) 댓글별 데이터의 특성 파악하기

데이터 정제 과정에 앞서 연구자는 수집된 유튜브 댓글의 특성을 파악하는 것이 필요하다. Madden, Ruthven과 McMenemy(2013)는 유튜브 동영상 댓글을 크게 10가지로 분류하였는데 해당 분류체계를 소개하고자 한다. 연구자는 이러한 분류체계를 참고하여 사전에 댓글별 데이터의 특성을 살펴봄으로써 사전에 어떠한 댓글로 구성이 되어 있고, 연구에 불필요한 데이터가 무엇이 있는지 파악해 볼 수 있다.

① 정보성 댓글

정보성 댓글은 영상 콘텐츠나 맥락 또는 전혀 관련 없는 주제에 대해서 사실 정보를 요청하거나 제공하는 댓글을 말한다. 영상의 세부 정보, 확인 또는 설명을 요청하거나(예: 도대체 어디에서 타는 거야? 일본?), "X가 Y를 떠올리게 한다"와 같이 다른 정보와 비교하거나, "ㅇㅇ은"과 같이 영상에 주제와 관련한 직접적인 단어를 포함하여 세부적인 정보나 설명을 하는 댓글이 이러한 정보성 댓글에 포함된다.

예: 키보드 후기)) 키감이 묵직합니다. 게임용으로는 무리 없어 보이지만 업무용(타자를 많이 치는)은 키감이 무거워서 손가락이 아플 수 있습니

다. (키보드 리뷰 영상 내 댓글)

2 조언 댓글

조언 댓글에서는 댓글 작성자가 특정 상황에서 무엇을 해야 할지에 대한 도움을 요청하거나 제안한다. “이거 어디서 샀나요?”와 같이 요청하거나 “다른 옷 입는 게 나을 것 같아요”와 같은 제안 댓글, 이전 조언 댓글에 대한 답변이 포함된다. 그 외에도 다른 동영상을 추천하는 댓글 역시 조언 댓글로 분류될 수 있다.

예: ㅇㅇ 느낌을 원하다면 무슨 축을 추천하시는가요? (키보드 리뷰 영상 내 댓글)

3 소감 댓글

소감 댓글은 영상을 통해 보고 또는 댓글에서 읽은 것에 대한 즉각적인 반응을 표현한 짧은 댓글을 말한다. 소감에는 일반, 긍정적, 부정적이라는 세 가지 범주로 나눌 수 있다. 하지만 “대단하다”와 같이 긍정적이면서 부정적인 의미를 내포하는 단어인 경우 의도한 감정에 대한 파악이 다소 어려울 수 있어 유의가 필요하다.

예: ㅠㅠㅠㅠㅠ 진짜 의사 오진... 너무하네요...(장애유튜버 영상 내 댓글)

4 의견 댓글

의견 댓글은 댓글 작성자가 영상이나 사람, 사물 또는 주제에 대해서 자신의 관점을 요청하거나 제공하는 댓글을 말한다. 의견 요청의 경우 “~에 대해서 어떻게 생각하세요?”와 같이 사람들에게 비디오, 사람, 사물 또는 주제에 대한 관점을 스스로 말하도록 요청하는 댓글이다. 의견 제공 댓글의 경우 관련 영상, 사람, 사물 또는 주제에 대해 자신의 견해를 표현하며, 좋다, 예쁘다, 옳다, 틀렸다, 재밌다, 행복하다, 슬프다, 지루하다와 같은 의견 단어를 사용하는 것이 특징이다.

예: 사람들 자체가 너무 예쁘고 매력적이네요.(아이돌 무대 영상 내 댓글)

5 이전 댓글에 대한 응답 댓글

댓글 작성자가 이전 댓글에서 찾은 정보나 의견을 지지하거나, 반박하는 댓글들이 포함된다. 이전 댓글 작성자 또는 영상 게시자의 의견에 긍정적인 감정을 표현하는 "~님의 말에 동의해요"와 같은 댓글이나 "말도 안 돼", "그건 아니에요"와 같은 부정적인 감정을 표현하는 댓글로 나눌 수 있다.

예: 나도 그 생각함ㅋㅋㅋ (아이돌 관련 영상 내 대댓글)

6 개인적인 감정 표현 댓글

댓글 작성자가 영상 콘텐츠나 주제 또는 이전 댓글에서 말한 내용에 대한 개인적인 느낌이나 감정적 반응을 설명하는 댓글을 말한다. 소감 댓글보다 길고 자세하며, "행복하다", "슬프다"와 같은 감정 형용사를 사용하거나, "좋아", "싫어"와 같은 구문이나 "이것이 나를 눈물나게 했다"와 같은 감정의 신체적 표현이 포함될 수 있다.

예: 온니. ㅇㅇ 진자 도른자입니다.. 저 저거 들어오자마자 바로 샀어여. 사실 가을에 휘뚜루마뚜루 사용하려고 ㅇㅇ 샀는데 온니 영상 보자마자 ㅁㅁ랑 ◇◇ 둘 다 장바구니행. 출근하는 날 바로 구매하려구요 ☺ (화장품 리뷰 영상 내 댓글)

7 일반적인 대화 댓글

일반적인 대화 댓글에서는 대화를 시작하고 유지하는 데 필요한 여러 유형의 댓글이 포함된다. 이러한 댓글에는 "안녕", "잘 지내?"와 같은 인사나, 날씨 언급이 포함될 수 있고, "행복해요"와 감정 상태가 포함된다. 다만, "이 영상 보니깐 너무 행복해요"와 같이 댓글 작성자가 왜 그렇게 느꼈는지를 포함하고 있는 개인적인 감정 표현 댓글과 달리 단순히 "행복해"와 같이 감정 상태만을 설명한다는 것에 차이가 있다. 그 외에도 댓글 작성자의 이름이나, 직업 등 개인 정보 등을 제공하거나 반대로 다른 댓글 작성자에게 요청하는 댓글이 포함될 수 있으며, "고마워", "미안" "하하" 등 감사, 사과,

농담 등의 댓글도 이 유형에 포함된다.

예: 좋겄ㄷㅏ ♡ (아이돌 굿즈 언박싱 영상 내 댓글)

8 사이트 프로세스 댓글

이 댓글들의 유형은 대부분 스스로 설명하는 특징이 있다. 콘텐츠 업로드 프로세스나 업로드에 사용된 도구에 대한 구체적인 언급이 포함하거나, 다른 동영상 사이트 프로세스를 요청하거나 제안하는 댓글이 포함된다. 또한 좋아요, 싫어요 버튼, 유튜브 정책, 유저의 프로필 등 사람들이 함께 보이는 것들에 대해서 거론하는 댓글들도 이 유형에 포함되며, 일부 댓글의 경우 댓글에 대한 좋아요 버튼을 누르도록 권장하기도 한다.

예: 어떻게 해야 댓글 고정이 될까? (먹방 유튜브 영상 내 댓글)

9 영상 콘텐츠 설명 댓글

해당 댓글에서는 영상에서 사용된 단어와 구문을 직접 인용하는 댓글이 있을 수 있다. 그 외에도 시각적 또는 오디오 콘텐츠를 의역한 설명이 포함될 수 있다. 이러한 설명 댓글에는 "01:53"과 같은 시간 형식의 하이퍼링크를 포함하여, 영상의 특정 지점으로 안내하기도 한다.

예: 2:36 어유 눈웃음 봐. (아이돌 뮤직비디오 영상 내 댓글)

10 스팸댓글 또는 차단된 댓글

광고나, 성인 사이트 링크와 같은 스팸 댓글이 있을 수 있다. 이러한 댓글들은 유튜브 내의 자동화된 시스템을 통해 숨김 처리 메시지로 표기되기도 하나, 그렇지 않은 경우도 있어 검토가 필요하다.

(2) 유튜브 댓글 데이터의 정제하기

댓글의 특성을 파악하였다면, 데이터 정제과정이 필요하다. 연구자는 댓글 데이터의 정제 과정에서 직접 해당 파일 내에서 관련 댓글을 확인하고 함께 수집된 사용자 ID나 좋아요 등의 데이터를 함께 고려하여 살펴보면서 불필요한 데이터를 제외하고 저장해나가는 과정을 거쳐야 한다. 그리고 연구 목적에 따른 정제 과정을 거치고, 마지막으로 프로그래밍 언어의 관련 패키지를 활용하여 필터링하거나 제거하는 방법을 활용할 수 있다.

1 불필요한 데이터 제거하기

먼저 고려할 수 있는 사항은 광고와 같은 스팸 댓글이나 비속어 등이 포함된 댓글과 같은 불필요한 데이터를 제거하는 것이다. 댓글을 작성한 사용자의 ID 등을 함께 살펴보며 중복댓글을 판단하여 제외할 필요가 있다. 그 외에도 댓글 중 의미 없는 내용이나 특수 문자 등은 데이터에서 제외하여야 한다. 이모지 등은 댓글 연구에서는 제외하여야 하지만, 추가적으로 이모지 분석 연구를 수행하거나 하는 방안을 고려할 수 있다. 최근 유튜브 내에 성인사이트 광고 댓글의 경우 자동화된 시스템을 통해 해당 영상 콘텐츠 내의 실제 댓글을 동일하게 복사 붙여넣기 하는 경우도 빈번하게 발생하고 있다. 이에 연구자는 사전에 댓글 작성자 ID 등과의 비교를 통해 이러한 광고 댓글 여부의 파악에 대한 고려가 필요하다.

2 자신의 연구 목적에 맞도록 정제하기

자신의 연구목적에 맞게 수집된 댓글 데이터를 정제할 필요가 있다. 구체적으로 자신의 연구가 시청자와 영상 제작자 간의 상호작용을 살펴보기 위한 연구라면 영상 제작자의 댓글을 함께 남겨 두어 관련 대댓글 등을 함께 분석할 필요가 있다. 하지만 이러한 연구가 아닌 댓글을 통해 영상에 대한 시청자의 반응을 주로 살펴보는 연구인 경우에는 영상 제작자의 댓글은 제외하는 것을 고려할 수 있다.

또한, 일상생활에서 주로 사용하지 않으나, 연구 주제 또는 연구 대상이 주로 사용하는 고유의 단어가 있을 수 있다. 같은 단어여도 다른 의미를 가지는 단어 역시 있을 수 있다. 이러한 단어는 추후 해석 과정에서 중요한 키 역할을 하며, 데이터 정제 과정에서 관련 단어들의 정리를 해 둘 필요가 있다.

예를 들어, 장애가 있는 자녀를 돌보는 가족이 운영하는 유튜브 채널에서 장애인 지원과 관련한 영상을 선정하여 댓글 연구를 진행한다고 가정해 볼 때 수집된 댓글 데이터 안에서 '활보'라는 단어가 자주 눈에 띄었다. 여기에서 '활보'는 '활동보조지원'의 약자이며 장애인 당사자나 가족 등이 주로 사용하는 단어이다. 이와 같이 기존 뜻이 다르거나 해당 연구 대상이 주로 사용하나 일상에서 사용하지 않는 단어를 선행연구 과정 외에도 전처리 과정 전에 수집된 댓글 데이터 파일을 살펴보며 생소한 단어 등이 있는지 확인할 필요가 있다. 특히 한 글자 단어인 경우 데이터 전처리 과정에서 누락될 확률이 높다. 이 과정을 통해 연구에서 중요한 데이터의 누락을 예방할 수 있고 추후 해석과정에서도 의미가 왜곡되지 않도록 활용할 수 있다.

3 기본적인 텍스트 마이닝 데이터 전처리 과정 거치기

필요한 댓글 데이터를 남겨두었다면 최종적으로 텍스트 마이닝 연구 시 데이터 전처리의 기본적인 과정을 거쳐야 한다. 보통 '은, 는, 이, 가'와 같은 조사나, '그리고', '또한'과 같은 접속사와 같이 분석에 불필요한 불용어(stopwords)를 삭제하고, '~하다', '~합니다', '~했었습니다' 등 형태의 단어를 기본 형태로 추출하여 통일하는 어간 추출(stemming) 과정 등이 있다. 그 외에도 '1개', '한 개'를 동일하게 형태를 통일하거나, 'ㅋㅋ' 'ㅎㅎ'는 '웃음'으로 통일화하는 정규화 과정이 있다.

Tip 데이터 전처리 과정의 예시

"나는 이 책이 너무 좋았어! 그래서 유튜브 댓글 연구를 할 거야 ㅎㅎ"

▶ **불필요한 문자 제거** 느낌표 등 특수문자, 이모지 등이 제거됨

결과 "나는 이 책이 너무 좋았어 그래서 유튜브 댓글 연구를 할 거야 ㅎㅎ"

▶ **형태소 분석 및 토큰화** 문장이 띄어쓰기 기준으로 분리됨

결과 "나", "는", "이", "책", "이", "너무", "좋았어", "그래서", "유튜브", "댓글", "연구", "를", "할", "거야", "ㅎㅎ"

▶ **불용어 제거** 조사, 접속사, 감탄사 등이 제거됨

제거된 단어 "는", "이", "를", "할", "그래서", "거야"

결과 "나", "책", "너무", "좋았어", "유튜브", "댓글", "연구", "ㅎㅎ"

▶ **정규화** 비공식 표현을 통일된 표현으로 변환함

변환된 단어 "ㅎㅎ" → "웃음"

결과 "나", "책", "너무", "좋았어", "유튜브", "댓글", "연구",

▶ **어간 추출** 동사, 형용사의 형태를 통일함

형태 통일 "좋았어" → "좋다"

결과 "나", "책", "너무", "좋다", "유튜브", "댓글", "연구", "웃음"

▶ 최종 결과: "나", "책", "너무", "좋다", "유튜브", "댓글", "연구", "웃음"

4. 수집된 댓글 분석 방법

수집된 댓글 데이터를 분석에 맞게 데이터 전처리 과정을 거쳤다면 본격적인 분석이 이루어져야 한다. 이 과정에서는 다양한 분석 방법이 이루어질 수 있다. 예를 들면, Python과 R과 같은 툴을 활용한 빅데이터 분석 방법을 적용할 수도 있고, 댓글을 직접 읽고 코딩하여 주제 및 패턴 등을 식별하고 해석해나가는 정성적 분석 과정을 거칠 수 있다. 여기에서는 빅데이터를 활용한 대표적인 분석 방법 몇 가지를 소개하고자 한다. 세부 분석 방법은 텍스트 마이닝 관련 저서나 자료들을 활용하길 바란다.

1) 단어 빈도 분석과 워드클라우드

유튜브 댓글 분석에서 가장 기본적인 분석인 빈도 분석은 수집된 댓글 데이터에서 채널별 댓글 수와 가장 많이 사용된 단어의 빈도를 집계하는 것이다. 빈도 분석 결과는 표로 정리하거나 그래프로 시각화하여 논문에 제시할 수 있다. 워드 클라우드의 경우도 마찬가지로 이러한 댓글 내 단어 빈도를 보다 시각적으로 한눈에 알아볼 수 있도록 만든 이미지이다. 워드 클라우드 이미지에서는 글자 크기가 큰 단어로 표기될수록 자주 등장하는 단어임을 뜻한다.

빈도 분석 및 워드 클라우드를 통해 논문에서 제시할 때의 유의점은 관련 해시태그나 검색어 키워드와 직접적으로 관련 있는 단어인 경우 분석 결과 언급 수가 가장 많을 확률이 높다. 특히 워드 클라우드에서는 빈도수가 높은 단어가 크게 보이므로 관련 주제와 직접적인 단어를 포함하는 경우 정작 연구에서 중요하고 필요한 단어들이 강조되지 않아 그 결과 연구의 의의 등이 축소되거나, 왜곡되어 보일 수 있다. 이 경우 관련 키워드 등 직접적인 단어는 삭제하되, 연구를 서술하는 과정 안에서 해당 단어는 삭제하였다고 명시해야 한다.

예를 들어, 빈도 분석의 결과 유튜브 영상의 발화나 댓글에서 자주 등장하는 단어가 '응원', '감동', '용기'와 같은 단어들이라면 해당 유튜버의 콘텐츠가 시청자들로부터 긍정적인 감정적 반응을 불러일으키고 있다고 분석할 수 있다. 반면, '정보', '지원' 등의 단어가 빈번하게 등장한다면, 시청자들이 장애 관련 정보나 지원 제도에 대한 관심을 가지고 있음을 시사할 수 있다. 이러한 분석은 단순한 언급 빈도의 결과를 얻는 것 외에도 해당 유튜버가 앞으로 다룰 콘텐츠의 방향성(예: 장애 판정, 장애 등록 방법 등 정보 제공 중심의 콘텐츠 확대)을 설정하는 데 중요한 인사이트를 얻을 수 있다.

댓글 빈도분석 상위 20개의 단어 그래프 예시

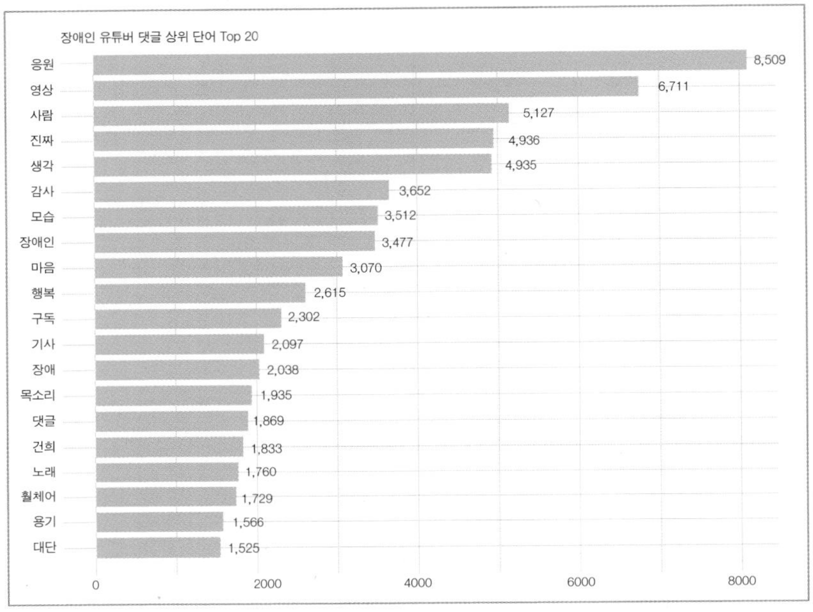

2) N-gram 분석: N개의 연속 출현하는 단어와 빈도수 추출

N-gram 분석은 텍스트에서 연속된 N개의 단어 조합을 찾아 텍스트의 패턴을 분석하는 방법이다. 실제 유튜브 댓글에서 '너무 좋아요', '정말 감사해요', '많이 배웠어요'와 같은 구문이 자주 등장하는 경우, 2-gram(바이그램) 분석을 통해 이러한 반복 패턴을 도출할 수 있다. 이를 통해 해당 유튜버의 콘텐츠가 시청자들에게 긍정적인 경험을 제공하고 있다는 점을 파악할 수 있다.

또 다른 예로, 음식 리뷰 채널의 유튜버 발화를 N-gram 분석한 결과, '정말 맛있다', '매우 만족', '또 방문'과 같은 구문들이 자주 나타난다면, 이는 해당 콘텐츠가 긍정적으로 평가되고 있음을 나타낸다. 이러한 패턴을 기반으로, 시청자들이 어떤 유형의 음식 리뷰에 관심을 가지며 긍정적인 반응을 보이는지 파악할 수 있고, 이를 바탕으로 향후 콘텐츠 기획에 반영할 수 있다.

3) 감성 분석

감성 분석이란 사람의 주관적인 의견과 감정 상태를 알아내는 분석(박상리 외, 2020)을 말한다. 이러한 감성 분석에는 기존의 누군가가 명사, 형용사, 동사에 대한 긍정, 부정 감성을 붙여 구축한 감성 사전을 활용하는 어휘 기반의 감성 분석과 학습된 데이터 셋을 활용하는 머신러닝 기반의 감성 분석 방법으로 나눌 수 있다(박상언, 강주영, 정석찬, 2022). 국내 댓글 연구에서는 한글 기반의 감성 사전인 군산대학교에서 개발한 KNU(Kunsan University) 감성 사전이나, 서울대학교 언어학과에서 구축한 KOSAC(한국어감성분석코퍼스) 감성 사전을 활용하거나, 한국어에 특화된 KcELECTRA 모델을 활용하여 데이터 학습을 통한 감성 분석을 진행할 수 있다.

만약 특정 유튜버가 장애 관련 콘텐츠를 업로드했을 때, 댓글에서 '좋아요', '감동적이다', '응원한다' 등의 긍정적 표현이 자주 등장한다면 해당 영상이 긍정적으로 수용되고 있음을 나타낸다. 반대로 '실망했다', '잘못된 정보다' 등의 부정적 표현이 많다면 부정적인 피드백을 받은 영상임을 알 수 있다. 이러한 분석을 통해 연구자는 콘텐츠에 대한 대중의 감정을 파악하고, 콘텐츠 개선 또는 대응 전략을 수립할 수 있다.

KNU 감성사전을 활용한 감성분석 표 예시

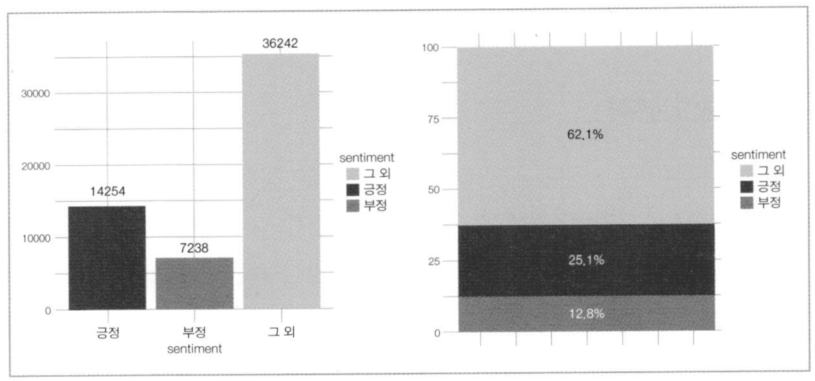

4) 토픽모델링: TF(Term Frequency)–IDF(Inverse Document Frequency) 분석

토픽모델링은 대규모 텍스트 데이터에서 주제나 논점을 자동으로 추출하는 기법이다. TF–IDF는 텍스트 내에서 단어의 중요도를 평가하는 방법으로, 자주 등장하지만 중요하지 않은 단어는 제외하고, 주제와 밀접한 단어를 강조한다. TF(Term Frequency)란 특정 단어가 한 문서 내에서 얼마나 자주 나타나는지를 나타내는 것을 말하며, IDF(Inverse Document Frequency)는 특정 단어가 여러 문서에서 얼마나 드물게 등장하는지를 나타내며, 자주 등장하는 단어는 그 중요도가 낮다고 평가된다.

TF–IDF는 텍스트에서 흔히 자주 나타나는 단어(예: '그리고', '하지만' 등)를 배제하고, 특정 문서 내에서 상대적으로 중요도가 높은 단어를 강조한다. 이를 통해 각 문서에서 중요한 단어들을 추출하고, 텍스트 데이터 내에서 숨겨진 주제를 찾아낼 수 있다. 만약 유튜브 영상의 텍스트 데이터에서 '시각장애', '편견', '도움' 등의 단어가 높은 TF–IDF 값을 갖는다면, 해당 주제가 중요한 논점임을 시사한다. 이를 통해 연구자는 텍스트 데이터에서 중요한 주제를 식별하고, 그 주제에 대한 심층적인 분석을 진행할 수 있다.

5) Word2Vec

Word2Vec 분석은 자연어 처리를 통해 텍스트 데이터를 벡터 형태로 변환하는 단어 임베딩 기술로 단어들 간의 의미적 유사성을 분석하는 방법이다. 예를 들어, 주어진 문맥을 통해 해당 단어를 예측하거나 반대로 주어진 단어를 이용해 해당 문맥에 대한 예측이 가능하다. 이러한 분석을 유튜브 댓글에서 활용할 경우 비슷한 의미를 가진 댓글이나 단어를 군집화할 수 있고 관련 감정 또는 주제의 유사성을 찾는 데 유용하다.

Word2Vec 분석의 경우 유튜브 댓글 분석에서 단독으로 사용하기보다는 앞선 토픽모델링과 더불어 더 명확한 주제 군집화를 돕거나, 감성 분석과 함께 분석을 진행하면 긍정적인 단어와 부정적인 단어 간의 의미적 유사성을 학습하여 더 넓은 감정 범주를 포착하는 등의 보완적인 역할을 한다. 하지만 Word2Vec 분석은 동음이의어의 단어의 경우에 대한 값은 모두 동일한 벡터로 처리하는 등의 문제점을 가지고 있다. 이 점을 보완하기 위해 문맥에 따라 다른 벡터 형태로 변환하는 ELMo 분석 등을 활용하기도 한다.

5. 연구결과 및 해석

유튜브 댓글 분석은 특정 주제나 유튜브 채널에 대한 다양한 배경을 가진 사람들의 반응을 파악하는 데 유용하다. 하지만 수집된 댓글과 분석 결과의 해석에는 신중을 기해야 한다.

1) 대표성의 한계

유튜브 댓글 콘텐츠에 대한 사용자들의 피드백을 파악하는 데 유용하지만, 분석 데이터가 해당 콘텐츠를 접한 모든 시청자의 의견을 대표한다고 보기에는 무리가 있다. 그 이유는 유튜브 댓글은 여러 사람들이 접근하기 쉬운 공간임에는 틀림이 없지만, 상대적으로 '적극적'인 사용자의 의견이 중심이 되기 때문이다. 이와 같은 반례로, 조회 수가 높은 영상일수록 댓글 수가 많을 가능성이 높지만, 항상 많은 댓글이 달리는 것은 아니다. 또한, 특정 주제와 관련된 영상의 댓글은 해당 주제에 관심이 있거나 특정 입장을 가진 사용자들이 남기는 경향이 있다. 이에 분석된 댓글이 실제로는 전체 시청자의 의견을 온전히 반영하지 못할 가능성이 높기 때문에 해석 과정에 있어서 고려가 필요하다.

연구자는 자신이 연구하고자 하는 관련 주제와 배경에 대상이 되는 사용자가 댓글 같은 의견 표명 등에 소극적인 경향이 있거나, 또는 인터넷 사용이 어려운 집단인지 등에 대해서 이론적 배경 등을 통해 알아 둘 필요가 있다. 또한, 연구하고자 하는 주제와 관련해서 유튜브 댓글을 통해 다양한 사람들의 반응을 알아보기 위한 연구라 하더라도 이러한 한계를 명시할 필요가 있다.

그 외에도 유튜브 댓글의 경우 사용자들이 남긴 댓글이 모두에게 공개된 공간이기 때문에 관련 댓글 분위기나 내용에 따라서 편향될 가능성이 있다. 예를 들어 어떠한 콘텐츠를 시청한 시청자들이 중립적이거나 부정적인 감정을 가질 수 있지만, 영상에 대한 긍정적인 댓글이 대부분인 상황에서는 다른 입장을 가진 의견이 배제될 수 있다. 반대로 영상에 대해 긍정적인 입장이어도 부정적인 댓글이 많을 경우, 이들의 의견이 배제될 수 있다. 그 이유는 누군가는 영상을 보고 난 후 댓글의 주된 입장과는 상반되는 의견을 가질 수는 있지만, 반대된 의견을 댓글로 남기는 것은 별개의 상황이기 때문이다. 즉, 반대되는 댓글을 작성함으로써 많은 익명의 사용자에게 비난받을 수 있다는 가능성이 있고, 그 결과 댓글 작성 자체를 주저하거나, 작성하지 않을 가능성이 있다. 이러한 점은 연구 결과가 해당 영상에 대한 모든 시청자의 반응 등으로 일방적으로 해석될 위험이 있으므로 주의가 필요하다.

2) 알고리즘과 편향성 문제

유튜브는 알고리즘을 통해 급상승 채널 혹은 영상 내 인기 댓글에 우선 순위를 두므로 많은 '좋아요'를 누른 댓글이 상위에 차지하는 '추천순'으로 위치하게 된다. 이 점은 특정 주제에 대한 반응이 과도하게 부각되거나, 특정 집단의 의견이 더욱 강하게 드러날 수 있어 연구자가 수집하는 데이터에도 영향을 미칠 수 있다.

댓글 분석에서 알고리즘적 편향성을 완화하기 위해 분석 과정에서 다양한 의견을 포함하는 것이 필요하다. 특정 시청자 집단이나 의견이 과도하게 부각된 경우 이를 객관적으로 파악하고, 연구자의 주관적 해석이 개입하지 않도록 신중하게 접근해야 한다. 앞서 살펴본 다양한 분석 방법을 적용해보거나, 내용 분석과 같은 정성적 분석을 추가함으로써 결과에 대한 객관성을 높이는 방법도 고려할 수 있다.

3) 감정적 표현 및 맥락 해석 유의

유튜브 댓글은 객관적인 입장에 대한 내용보다 주관적이고 감정적으로 표현되는 경우가 많다. 이에 댓글에 대한 해석을 진행할 때는 텍스트에 담긴 감정의 강도와 맥락을 고려하는 것이 중요하다. 예를 들어, '훌륭해요(Great)!'와 같은 단어는 상황에 따라 긍정적인 감탄의 표현일 수도 있지만, 반대로 해당 내용을 반어적으로 표현한 것일 수도 있다. 연구자는 댓글을 작성한 자가 어떤 의도로 해당 표현을 사용했는지를 파악하기 위해 주변 문맥과 다른 표현을 함께 분석할 필요가 있다.

또한, 유튜브 댓글은 짧고 간결한 경우가 많아, 해당 작성자의 의도를 정확히 해석하기 어려운 경우가 많다. 댓글은 표정이나 어투와 같은 비언어적인 요소가 담겨져 있지 않고 오직 텍스트를 통해서만 전달되기 때문에 이를 해석하는 데에 있어 의도를 오해할 가능성이 있다. 연구자는 이러한 한계를 염두에 두고, 분석이나 해석에 있어서 텍스트의 잠재적인 모호성에 대해서 신중히 다룰 필요가 있다.

4) 작성 시점 이슈 및 댓글 작성자 시점 고려

유튜브 댓글 분석에서 댓글이 작성된 시점은 해석에 중요한 영향을 미칠 수 있다. 현재 이슈가 되는 주제를 분석할 때 사회적, 정치적, 경제적 사건들이 댓글 내용과 반응에 미치는 영향이 크기 때문이다. 예를 들어, 평소 먹방 채널에는 '저도 먹고 싶네요'와 같은 먹방 영상에 대한 댓글이 달리지만, 먹방 유튜버의 뒷광고와 같이 특정 사건들이 이슈화될 경우 해당 사건과 관련된 댓글이 증가할 수 있다. 사건에 대한 비판 또는 해명을 요구하는 부정적인 댓글 외에도 '중립 기어 박아야지'와 같은 중립적인 태도, 또는 '그래도 응원해요'와 같은 긍정적인 댓글 등이 있을 수 있다.

이에 해당 사건이 발생한 시기와 사회적 분위기가 댓글 감정에 큰 영향을 줄 수 있으며, 연구자는 댓글의 작성된 시점, 수집하는 시점과 더불어 해당 시점의 주제와 관련한 외부 요인을 사전에 파악하여 분석 결과에 대한 해석의 기초로 삼는 것이 중요하다.

또한, 해당 영상의 주제와 관련된 사회문화적 배경이나 댓글 작성자의 경험 등을 고려하여 그들의 시점에서 해석하는 것이 중요하다. 특정 문화적 배경이나 사회적 상황에 따라 동일한 댓글이라도 그 의미가 다르게 해석될 수 있기 때문이다. 그 외에도 각 배경에 따른 고유한 단어들이 존재할 수 있고, 결과 해석에서 데이터들이 누락되지 않도록 주의해야 한다. 예를 들어, K-pop 문화를 주제로 한 연구를 수행하고자 할 때 댓글 분석 대상이 되는 영상이 각 팬덤 간의 갈등 등이 반영된 댓글일 경우 K-pop 팬덤 문화 등에서 주로 사용하는 고유의 단어 등을 미리 확인하고, 관련 팬덤 문화에 대한 배경을 고려하여 해석할 필요가 있다.

연구자는 이러한 이슈와 관련 영상에 관한 사회문화적 배경을 사전에 파악할 필요가 있다. 선행연구 고찰이나 해당 유튜브 영상 등을 활용하는 것 외에도 관련 채널 내의 커뮤니티 게시글과 해당 댓글의 내용도 사전에 확인하는 것으로 연구 시점에 어떠한 이슈들이 있는지 미리 파악할 수 있다.

5) 다른 분석 방법과의 결합 및 연구 결과의 한계 인식

유튜브 댓글 분석 결과는 특정 콘텐츠나 주제에 대해 의미 있는 통찰력을 제공할 수 있지만, 그 결과를 모든 콘텐츠나 주제에 일반화될 수 있는 것은 아니다. 특정 유튜브 채널의 시청자 특성과 다른 채널의 시청자 특성은 다를 수 있으므로, 연구 결과를 보편적으로 적용하기에는 한계가 따른다. 연구자는 이러한 한계를 명확히 언급함으로써 독자가 분석 결과를 맹목적으로 일반화하지 않도록 해야 한다.

또한, 댓글 분석에서 발견된 주제나 패턴을 바탕으로 추후 연구에서 다루면 좋을 방향성을 제시해야 한다. 예를 들어, 특정 현상에 대한 장기적 추세 분석, 다양한 연령대의 반응 비교, 또는 특정 집단 간 의견 차이에 대한 추가 연구를 통해 더 깊이 있는 통찰을 도출할 수 있다. 이와 반대로 연구자는 연구 설계 과정에서부터 유튜브 댓글 분석을 단독으로 진행하기보다 해당 연구에 맞는 연구 방법을 추가로 설계하여 진행하는 방법도 고려할 수 있다. 추가 연구 방법은 앞서 살펴본 영상 및 발화 텍스트 분석 외에도 댓글 작성자나 영상 제작자에 대한 추가 인터뷰 또는 다른 데이터의 활용과 같은 기존의 연구 방법 등을 고려할 수 있다.

CHAPTER 07 ▶ ⏭

유튜브 데이터 활용 연구 심사 대응 가이드

유튜브 데이터를 활용한 연구는 새로운 연구 방법과 대상을 탐구한다는 점에서 주목받고 있다. 그러나 유튜브 연구의 독창성은 기존의 질적연구 방식과는 다른 접근법과 특성을 포함하기 때문에 연구 심사 과정에서 새로운 연구 방법론과 대상에 대해 추가적인 질문과 의문이 제기될 가능성이 있다.

CHAPTER 07은 Q&A를 통해 유튜브를 데이터 소스로 활용하는 연구자들이 이러한 심사 과정을 효과적으로 대비할 수 있도록, 심사위원들이 자주 묻는 질문과 이에 대한 적절한 답변 방향을 체계적으로 정리하였다. 특히, 유튜브 데이터의 질적연구 적합성, 데이터 수집 및 분석 기준, 연구 윤리 문제 등 주요 쟁점을 명확히 다루어 연구의 타당성과 신뢰성을 입증하는 데 실질적인 도움을 제공하고자 한다.

이를 통해 연구자는 심사 과정에서의 흔히 제기되는 질문에 대한 준비를 강화하고, 유튜브를 활용한 연구가 기존의 틀에 얽매이지 않는 혁신적인 방법임을 설명할 수 있을 것이다. 나아가, 연구의 기여와 정당성을 효과적으로 전달함으로써 새로운 연구방법으로서의 가능성과 학문적 가치를 확립하는 데 기여할 수 있을 것이다.

유튜브 데이터를 활용한 연구가 질적연구로 적합할까?

▶ 일부에서는 유튜브에서 수집된 데이터가 전통적인 질적연구의 데이터(예: 심층 인터뷰와 참여 관찰)와 동일한 효과를 낼 수 있을지에 대해 의문을 제기할 수 있다.

그러나 유튜브 데이터는 질적연구의 중요한 특성, 즉 사회적 맥락과 의미를 탐구하는 데 유용하며, 유튜버와 시청자 간의 상호작용, 문화적 표현, 사회적 담론을 포착할 수 있는 풍부한 정보를 제공한다. 연구자는 유튜브 데이터가 질적연구의 목적에 어떻게 부합하는지 설명함으로써, 질적연구로서의 가치를 충분히 보여줄 수 있다.

예를 들어, 특정 사회적 이슈에 대한 유튜버의 표현 방식이나 시청자 반응을 통해 디지털 환경에서 형성되는 담론과 의미를 깊이 있게 분석할 수 있으며, 유튜브 데이터는 영상, 댓글, 조회 수 등 다양한 형태로 제공되므로 양적 데이터와 혼합하여 분석도 가능하다.

따라서 유튜브 데이터가 전통적인 질적 데이터와는 다른 특성을 지니지만, 사회적 맥락과 의미를 탐구하는 질적연구로 충분히 접근할 수 있다. 연구자는 이러한 특성을 연구 방법론에서 명확히 설명하여, 유튜브 데이터가 질적연구의 중요한 자료로 사용될 수 있음을 보여줄 수 있다.

유튜버 또는 시청자와 직접적인 상호작용이 없는데 질적연구로 보는 것이 적합한가?

▶ 유튜브 콘텐츠를 분석할 때, 유튜버나 커뮤니티 멤버와 직접 인터뷰하지 않고 콘텐츠의 발화만을 분석하는 방식에 대해, 질적연구로서의 적합성에 의문을 가질 수 있다.

전통적인 질적연구는 연구자와 참여자 간의 깊이 있는 상호작용을 통해 의미를 도출하는 것을 중시하기 때문에, 상호 주관성 없는 비참여 접근이 과연 질적연구로서 적합한지 질문이 제기될 수 있다.

그러나 비참여형 문화기술지 방법론은 연구자가 연구참여자와의 거리를 유지하며 객관적 시각을 통해 그들의 자연스러운 행동과 표현을 관찰할 수 있고, 연구자는 참여자의 반응을 유도하지 않고, 현장 자체의 의미와 문화를 있는 그대로 해석할 수 있다. 이러한 접근은 연구자의 개입을 최소화하여 연구자 반응성을 줄이고, 사회적 맥락과 의미를 분석할 수 있다.

유튜브와 같은 디지털 환경에서도 이 방법론은 유효하며, 연구자가 연구 참여자와 직접 상호작용하지 않고도 유튜버의 콘텐츠와 시청자 반응에 담긴 사회적 의미를 분석할 수 있다. 따라서 연구 참여자와의 상호작용 없이도 질적연구가 가능하며, 이는 디지털 환경에서의 질적연구에 유용한 방법론적 근거가 될 수 있다.

유튜브 채널의 구독자 수는 어떤 의미를 가지고 있나?

▶ 유튜브 채널의 구독자 수는 해당 채널의 인기를 나타내는 중요한 양적 지표로 채널에 대한 관심과 신뢰를 반영할 수 있다. 예를 들어, 개인이 운영하는 채널에서 구독자 수가 약 1만 명 이상일 경우, 그 채널은 상당한 관심을 받고 있는 것으로 평가할 수 있으며, 일정 수준의 안정적인 조회수를 확보할 가능성이 높고, 수익 창출도 가능한 수준이다. 특히 특정 주제나 소규모 커뮤니티에서는 구독자 1만 명으로도 충분히 영향력 있는 채널로 자리 잡을 수 있다.

연구자는 구독자 수, 좋아요 수, 댓글 수 등을 기준으로 채널의 순위를 매길 수 있으며, 이를 따라 자료 수집 및 선정 기준을 설정할 수 있다. 따라서 연구 방법에서 유튜브 플랫폼의 특성과 운영 방식을 충분히 설명할 수 있도록 준비하는 것이 중요하다.

유튜브 영상의 형식은 어떤 기준으로 구성되었나?

▶ 유튜버마다 영상 형식이 다양할 수 있다. 연구자는 연구 주제를 포함한 콘텐츠를 검색하여 선정하고, 그 의미를 깊이 탐색하기 위해 브이로그, 먹방, 인터뷰, 리뷰 등의 다양한 콘텐츠를 모두 분석 대상으로 삼을 수 있기에 선정 기준에 대해 명확히 기술하도록 한다.

예를 들어, "중도 시각장애 유튜버의 장애수용 경험을 충분히 이해하기 위해 콘텐츠 형식은 별도로 한정하지 않았고, 독백 형식의 영상뿐만 아니라 일상 브이로그, 시각장애 정보 리뷰, 먹방 등의 콘텐츠를 통해 간접적으로 관련 내용을 구성한 영상을 분석하였다."라고 설명할 수 있다.

연구자가 채널의 영상을 선정할 때 어떤 기준을 사용했나?

▶ 독자와 심사위원은 연구자가 어떤 기준을 가지고 영상을 선정하여 분석했는지 질문할 수 있다. 이러한 경우, 유튜브 채널을 직접 확인하지 않더라도 독자와 심사위원이 선정된 영상을 이해할 수 있도록 영상 선정 기준을 명확하고 구체적으로 설명할 필요가 있다.

예를 들어, "각 채널의 재생목록을 검토하여 브이로그, 정보 리뷰, 먹방 등 다양한 콘텐츠 중 장애 관련 내용과 장애 발생에 관련된 내용을 포함한 콘텐츠가 80개 이상인 유튜브 채널을 선정하였다."와 같이 기술할 수 있다.

만약 제외한 콘텐츠 유형이 있다면 해당 내용도 자세히 기술해야 한다. 그 예로, 유튜브 출연아동의 놀이권과 관련된 연구에서는 "100위 안에 드는 키즈 인기 채널 중 아동의 놀이와 관련 없는 채널, 즉 오디션을 준비하는 아동의 댄스 채널, 인기 동요 및 동화 채널, 성인 놀이 콘텐츠 채널을 제외한 9개의 채널로 선정하였다."로 기술하였다.

자료 수집 대상을 선정할 때 편향이 발생할 수 있나? 발생하는 경우 어떻게 대처해야 하나?

▶ 연구자가 특정 주제와 관련된 채널을 의도적으로 표집할 경우, 선택 편향이 발생할 수 있다. 이는 연구자가 설정한 환경이 아닌 연구 주제에 따라 대상이 가진 특성에 기인할 수 있다. 따라서 자료 수집 과정에서 발생할 수 있는 잠재적 편향이나 제한 사항을 구체적으로 기술할 필요가 있다. 특히, 연구 주제와 관련된 채널을 의도적으로 표집하는 방식에는 선택 편향이 포함될 수 있음을 명확히 밝혀야 한다.

예를 들어, 중도 시각장애 유튜버를 연구 대상으로 할 경우 채널 운영자의 연령층이 디지털 네이티브 세대인 20~30대로 제한될 수 있어, 전 연령층의 중도 시각장애인 유튜버를 포함하지 못하는 연구의 한계가 발생할 수 있다. 또한, 선정된 채널은 중도 시각장애를 경험하고 자신의 장애 발생 상황을 공개적으로 밝힌 채널로 한정되었으며, 이러한 의도적 표집 방식에는 선택 편향이 포함될 수 있음을 명확히 설명하도록 한다.

“본 연구에서는 15세에서 37세 사이에 시각장애가 발생한 유튜버들의 동영상을 분석하였다. 젊은 연령층은 기술에 높은 적응력을 보이며 소셜 미디어를 적극 활용해 일상을 공유하는 경향이 있어, 유튜버 그룹이 주로 젊은 연령층에 집중되는 경향을 보인다. 그러나 시각장애의 주요 발생 비율이 중장년기 이후인 97.3%임을 고려할 때, 연구참여자의 연령 다양성을 충분히 반영하지 못한 한계가 있다.”라고 설명할 수 있다.

유튜브 채널 간 데이터 불균형 문제가 있을 때 어떻게 논문에 작성해야 하나?

▶ 유튜브는 특정 채널과 콘텐츠가 더 많은 노출을 받고 알고리즘에 의해 추천이 되는 구조이기 때문에 채널마다 동영상 수나 콘텐츠의 종류가 균등하게 분포되지 않을 수 있다. 따라서 연구 주제와 관련된 콘텐츠가 균형 있게

포함되지 않을 가능성이 있다. 이러한 불균형 문제를 해결하기 위해, 연구자는 데이터의 균형을 맞추기 위해 어떤 노력을 기울였는지 설명하는 것이 좋다. 또한, 유튜버 특성에 따른 불균형은 연구 방법에서 미리 명확히 설명하여 독자들이 유튜브 환경을 이해하도록 돕는 것이 바람직하다.

예를 들어, 소수 커뮤니티의 콘텐츠를 분석할 경우, 운영 기간이 오래된 채널과 신생 채널 간에 콘텐츠 수의 격차가 발생할 수 있으며, 콘텐츠의 유형 또한 제작자의 의도에 따라 일상 브이로그 위주이거나 먹방 중심으로 다양하게 구성될 수 있다. 따라서 연구자는 자신이 연구하고자 하는 주제에 맞춰 연구 대상의 균형을 맞추고, 콘텐츠의 불균형을 최소화하기 위해 신중하게 수집 기준을 설정하는 노력이 필요하다.

유튜브 영상의 텍스트 변환 분량은 어떻게 산출할 수 있나?

▶ 유튜브 분석 연구에서 전통적인 질적연구와 마찬가지로 텍스트로 변환된 발화의 분량을 연구 방법에서 명시하는 것이 일반적이다. 인터뷰 전사자료의 분량을 명시하는 전통적인 방식과 유사하게, 영상 발화를 텍스트로 변환한 결과에 대한 정보를 요청받을 수 있다. 텍스트 변환을 위한 산출과정 방법은 다음과 같다.

1) 변환된 텍스트 파일을 한글(hwp 또는 hwpx)에 옮겨 문서 분량을 계산한다.

- 변환된 텍스트 파일을 한글 프로그램으로 옮긴다.
- 한글 프로그램의 '문서 정보' 기능(단어 수, 글자 수, 페이지 수 등)을 사용해 텍스트 분량을 산출한다.
- 예시: 변환된 텍스트를 한글 문서로 옮긴 후 총 10페이지, 약 5,000자(공백 포함)로 확인됨.

2) 변환된 텍스트 파일을 저장하지 않고, 엑셀에 중요 발화만 정리된 경우

- 샘플링: 10개 정도의 동영상을 선택하여 재생 시간과 텍스트 변환 글자 수를 비교한다.
- 평균 글자 수 비율 산출: 샘플링한 동영상의 재생 시간 대비 평균 글자 수를 계산한다.
- 추정치 적용: 이 비율을 나머지 동영상에 적용해 전체 텍스트 분량을 추정한다.

이러한 과정을 통해 추정한 분량을 연구 방법에 명시할 수 있다.

예를 들어, "해당 영상의 모든 발화를 네이버 클로바노트 프로그램을 활용하여 텍스트로 변환하여 10포인트 기준 총 170페이지 분량이 되었고, 영상과 대조 과정을 거쳐 수정하였다."와 같이 기술한다.

유튜브 데이터를 활용할 때, 저작권 및 개인정보 보호는 어떻게 했나?

▶ 유튜브 데이터를 활용한 연구에서는 심사 과정에서 연구윤리와 관련하여 IRB 승인 여부와 연구 대상자의 동의 여부에 대한 질문을 가장 많이 받았다.

「저작권법」 제28조에 따르면, 연구 목적으로 공개된 저작물을 출처를 밝히고 적절한 범위 내에서 인용할 수 있기에 저작자의 별도 허가 없이 사용이 가능하다. 그러나 연구 윤리를 준수하기 위해 연구자는 유튜버에게 저작물 사용에 대한 동의를 요청하는 메일을 보내는 등 연구 대상의 저작권과 개인정보 보호에 주의를 기울여야 한다.

예를 들어, "「저작권법」 제28조에 따라 공개된 저작물은 연구 목적으로 적절한 범위 내에서 출처를 밝히고 인용할 수 있으므로 저작자의 허가 없이 사용이 가능하나, 중도 시각장애인 유튜버에게 저작물 사용과 연구 목적에 대한 동의 요청의 메일을 보내 동의를 구했다."라고 기술할 수 있다.

또한, 유튜브 채널명을 출처로 명시하고, 공개된 유튜브 채널에서 사용된 실명과 발화의 내용을 정확히 반영함으로써 공개된 데이터를 활용하는 과정에서 연구자의 윤리를 준수하는 노력을 기울이는 것이 바람직하다.

다만, 유튜브 영상분석 중 연구자가 유해하다고 판단되는 장면을 접할 경우, 제작자의 동의를 구하는 문제는 또 다른 윤리적 고민을 만든다. 이 경우에는 p. 195에 기술한 '유튜브 연구의 참여자 동의와 딜레마' '유해 콘텐츠와 연구자의 딜레마'를 참조하길 바란다.

유튜브 영상의 비언어적인 요소를 분석에 어떻게 적용하였나?

▶ 유튜브 텍스트 분석에서 영상의 비언어적인 요소를 분석에서 어떻게 적용했는지, 비언어적 측면을 별도로 분석할 수 있는지에 대해 질문을 받을 수 있다.

예를 들어, 텍스트 분석의 경우, 유튜버의 비언어적 표현(표정, 몸짓 등)은 맥락의 이해를 위한 참고 자료로 활용되었으며, 자료 수집은 발화 내용에 초점을 맞추어 연구 주제와 관련된 영상에서 비언어적 요소를 보조적으로 참고하여 분석했다고 설명할 수 있다.

"본 연구에서는 동영상 내 발화의 내용을 중심으로 심층 분석하였다. 연구 참여자의 표정, 억양, 몸짓과 같은 비언적 요소뿐만 아니라 주변 상황과 배경도 포괄적으로 고려하여 이러한 다양한 요소들이 어떻게 상호작용하며 맥락을 형성하는지를 이해하는 데 자료로 참고하였다. 이를 통해 직접 인터뷰로 갈음한 동영상 분석의 제한점을 보완하고 정교하고 깊이 있는 데이터 분석을 달성할 수 있도록 하며 연구 결과의 타당성을 강화하고 다층적인 해석을 가능하게 하였다."라고 기술할 수 있다.

유튜브 영상 발화를 분석한 선행연구 사례가 있나?

▶ 해외에서는 2019년경부터 유튜브 영상 속 발화를 활용하여 연구참여자와 직접 인터뷰하지 않고 간접 인터뷰 방식을 적용한 연구들이 진행된 바 있다.

국내에서는 유튜브 발화를 분석한 연구 사례가 있으며, 본 저서의 저자들이 게재한 논문이 그 예에 해당한다.

- Sangeorzan, I., Andriopoulou, P., & Livanou, M. (2019). Exploring the experiences of people vlogging about severe mental illness on YouTube: An interpretative phenomenological analysis.
- 김지혜, 정익중, 김재연. (2024). 시각장애인의 장애수용에 관한 질적 연구: 유튜브 동영상을 중심으로.
- 김지혜. (2024). 중도 시각장애인의 유튜브 동영상에 나타난 장애수용과 장애개방 경험. 이화여자대학교 박사학위 논문.

▸ PART 03

유튜브 연구의 미래

CHAPTER 08 ▶ ⏭

유튜브와 새로운 연구의 확장

유튜브는 접근성과 대중성을 기반으로 누구나 자신의 이야기를 전할 수 있는 공간을 만들어냈기 때문에 데이터를 수집하고 분석하는 것을 넘어, 소외된 목소리와 연구하기 어려웠던 주제를 학문적으로 접근할 수 있게 하는 독특한 가능성을 제공한다. 예를 들어 유튜브는 아동, 노인, 장애인 등 기존 연구에서 소외되었던 계층이 자신의 목소리를 기록하고 공유할 수 있는 환경을 제공함으로써, 이들의 삶과 경험을 학문적으로 탐구할 수 있는 새로운 가능성을 열어주었다. 또한, 유튜브 콘텐츠에서 드러나는 부모와 아동 간의 관계 등과 같은 일상을 연구하여 가정 내 아동학대와 같이 기존에는 접근하기 어려웠던 민감한 주제에 대해 새로운 방식으로 접근할 기회를 제공하고 있다. 이와 더불어, 유튜버와 구독자 간의 상호작용을 통해 새로운 사회적 관계와 담론이 형성되고 있어, 디지털 환경 속에서의 사회적 변화와 그 영향을 연구할 중요한 단서를 제공한다.

1. 소외 계층 당사자의 생생한 목소리를 담는 유튜브

전통적인 연구에서는 장애인, 아동, 노인, 질병인 등 사회적으로 소외되는 이들의 목소리를 직접적으로 담아내는 데 여러 제약이 있었다. 이들은 연구에 참여하는 경우가 드물었으며, 그 결과 이들의 경험은 대개 2차적인 자료나 가족과 같은 보호자나 법정대리인의 관점을 통해 해석되었다.

하지만 유튜브는 이러한 한계를 극복할 새로운 공간을 제공한다. 장애인 유튜버들은 유튜브를 통해 장애로 인한 어려움이나 차별 경험 외에도 개인으로서의 일상을 공유하고 있다. 노인 유튜버들은 다양한 경험을 통한 자신이 살아온 삶과 지혜를 전하고, 아동 유튜버들은 또래 문화와 취미활동, 소통, 놀이 등을 유튜브에 기록한다. 연구자들은 유튜브가 가진 쉬운 접근성으로 인해 2차 매개체인 타자 혹은 대리인의 목소리가 아닌 소외 계층 당사자의 생생한 목소리를 직접 탐구할 수 있게 되었다.

이 외에도 연구자들은 유튜브 데이터를 통해 새로운 시각에서 사회적 문제를 분석할 수 있게 되었다. 특히, 장애인 유튜버의 장애 콘텐츠는 편견 해소와 인식 개선에 중요한 역할을 한다. 예를 들어, 휠체어 장애인 유튜버가 일상생활에서 겪는 어려움을 기록한 영상은 기존 문헌 자료나 데이터와는 다른 차원을 보여주며 전통적인 연구 방법에서는 간과되었던 현실적인 문제를 재조명한다. 이러한 콘텐츠는 사회의 새로운 담론으로 확장되며, 정책 등의 변화에 촉매제가 되기도 한다.

이처럼 유튜브를 통해 기록된 소외계층 당사자의 목소리는 단순히 데이터를 넘어 사회적 영향을 미치는 중요한 자료가 된다. 연구자들은 이를 통해 학문적 통찰뿐 아니라 실질적인 변화를 이끄는 가능성을 모색할 수 있다.

2. 유튜브 콘텐츠를 통한 민감한 주제 연구

유튜브의 접근성은 이들의 목소리를 생생하게 담는 것 외에도 연구자가 접근하기 어려웠던 민감한 주제에 대해서도 새로운 접근 가능성을 가져온다. 예를 들어, 가정 내 아동학대나 가족 내 갈등과 같은 민감한 주제는 접근성 부족과 당사자의 표현 제약 등으로 인해 연구자가 접근하기 어려운 영역이었다. 그러나 유튜브의 등장은 기존의 연구 환경에서의 한계를 극복하고 민감한 주제를 새로운 방식으로 탐구할 기회를 제공하였다.

다수의 유튜브 콘텐츠에서는 아동과 부모가 함께 출연하며 일상을 기록한다. 하지만 이중에는 부모들이 출연아동을 영상에 과도하게 노출시키고 강압적으로 참여를 독려하며, 심지어 학대 정황을 암시하는 사례를 보여주기도 한다. 그 외에도 영상의 조회 수를 위해 아동의 건강을 고려하지 않은 불량식품을 다량으로 제공하거나, 악플 등에 그대로 노출시켜 이를 다시 상업화하는 모습을 보인다. 부모가 아동의 사생활을 침해하거나 정서적 부담을 가중하는 콘텐츠도 연구자에게 중요한 분석 대상이 된다. 이러한 콘텐츠 연구는 가정 내 권력 구조, 아동 권리 침해, 미디어 환경이 아동 발달에 미치는 영향을 탐구할 수 있다.

이처럼 유튜브는 기존 연구 환경의 제약을 극복하고, 연구자가 접근하기 어려웠던 민감한 주제를 탐구할 수 있는 새로운 가능성을 열어주고 있다. 특히, 부모와 아동 간의 관계, 아동 권리 침해 현황 등, 미디어 환경의 영향을 다루는 연구는 사회적 담론을 구체적으로 형성시키고 아동 정책의 변화에도 기여할 수 있는 기반을 마련할 수 있다.

3. 유튜버 직업군 등장과 사회적 변화 연구

유튜브는 유튜버라는 새로운 직업군을 등장시켰다. 이들은 일정 조건을 충족했을 때 수익을 창출할 수 있기 때문에 구독자와의 새로운 상호작용 형태를 만들어 일방적인 소비가 아닌, 서로 간의 소통과 피드백을 통한 상호작용을 한다. 유튜버들은 댓글이나 라이브 방송을 통해 구독자와 실시간으로 소통하며, 자신의 콘텐츠에 대한 반응을 즉각적으로 확인하여 자신의 콘텐츠에 반영한다. 이러한 관계는 단순한 소비자를 넘어 콘텐츠 생산에 영향을 미치는 참여자로서 구독자의 역할을 강조한다.

그 외에도 높은 인기를 얻는 유튜버들은 TV와 같은 전통적인 미디어에 출연하고, 이들의 영상이나 일상을 자신만의 관점에서 재해석하여 리뷰하는 유튜브 채널들이 새롭게 등장한다. 반대로 연예인, 음악가, 정치인 등 기존의 영향력 있는 직업군이 유튜브를 통해 대중과 새로운 소통을 시도하기도 한다. 장애인, 노인 등의 다양한 계층의 유튜버들은 자신의 이야기를 전하며 기존 미디어에서 다루지 않던 주제들을 부각시킴과 동시에 유튜버라는 직업 활동으로 개인의 경제적인 창출을 얻고 있다. 즉, 유튜브는 유튜버라는 새로운 직업군의 탄생을 통해 일자리 소외계층에게 새로운 일자리를 제공하고, 새로운 소통의 장으로 사회적으로 큰 영향을 미침에 따라 새로운 담론을 형성하고 있다.

유튜버라는 새로운 직업군의 등장은 유튜브를 통해 기존의 연구 영역에서 새로운 가능성을 열어주었다. 연구자들은 유튜브를 활용하여 기존의 미디어 환경에서는 접근할 수 없었던 사회적, 문화적 주제들을 탐구할 수 있으며, 새로운 형태의 사회적 상호작용을 이해하는 데 기여할 수 있다. 따라서 유튜브는 연구자들에게 미디어, 사회적 관계, 경제적 측면에서 다각적인 접근을 가능하게 하는 중요한 연구 자원이 된다.

유튜브는 영상 공유 플랫폼을 넘어, 소외계층의 생생한 목소리를 기록하고, 연구자에게 민감한 주제로의 새로운 연구 방향성을 제시해주며, 유튜버라는 새로운 직업군의 탄생으로 다양한 연구 주제로의 가능성을 열어주었다. 이는 연구자들이 기존의 데이터만으로는 접근하기 어려웠던 다양한 주제를 탐구할 수 있는 도구를 제공받았다. 즉, 유튜브라는 플랫폼이 연구자에게 제시하는 기회는 무궁무진하며, 이는 학문적 발전뿐 아니라 실제 사회 변화에도 기여할 수 있는 잠재력을 지니고 있다.

앞으로도 유튜브 연구는 디지털 기술의 발전과 맞물려 새로운 학문적 통찰과 사회적 기여를 이어갈 것이며, 데이터 활용에 있어 연구자의 윤리적 책임을 보다 요구할 것이다. 우리에게 다가올 디지털 기술 발전을 통한 유튜브 연구의 확장 방향과 연구자의 미래 역할을 다음 장에서 살펴보고자 한다.

CHAPTER 09 ▶ ⏭

유튜브 연구와 디지털 기술의 융합

1. 디지털 기술 융합과 연구 패러다임의 변화

디지털 환경의 발전은 연구의 패러다임을 근본적으로 변화시키며 전통적 방식에 더해 새로운 접근법과 분석 기회를 제공하고 있다. 유튜브, 인스타그램과 같은 소셜 미디어 플랫폼은 방대한 양의 실시간 데이터를 제공하기에 연구자들은 이러한 데이터를 활용해 새로운 현상을 설명하고, 인간 행동과 사회적 변화를 보다 깊이 이해할 수 있는 방법론적 지평을 넓히고 있다. 특히, AI와 데이터 분석 도구는 댓글 분석, 텍스트 마이닝, 영상 데이터 시각화 등 정량적 · 정성적 분석을 통합하여 복잡한 현상을 탐색하는 데 강력한 지원 도구로 작용하고 있다.

디지털 기술과 AI의 융합은 유튜브 연구의 방향을 구조적으로 바꾸고 있다. 특히, 연구자들은 유튜브 데이터를 통해 트렌드 분석을 넘어 플랫폼이 형성하는 정보 생태계의 사회적 · 문화적 함의를 탐구하고 있다. 이는 단일 콘텐츠나 댓글 분석을 넘어 알고리즘이 정보 노출 방식과 사용자 행동에 미치는 영향을 연구하는 방향으로 확장되고 있음을 의미한다. AI 기반 도구는 반복적 작업을 자동화하고, 복잡한 데이터를 시각적으로 구조화하며, 인간이 발견하지 못한 패턴과 상관관계를 도출하는 데 강력한 도구로 작용하고 있다.

예를 들어, AI 기술은 반복적 데이터 처리 작업을 자동화하고 영상과 텍스트 간의 의미적 연관성을 도출하는 데 활용되고 있다. 이는 기술적 지원을 넘어 연구자들이 새로운 연구 질문을 구성하고, 데이터의 심층적 해석을 가능하게 하며, 디지털 플랫폼에서의 사회적 담론을 다각도로 탐구할 수 있도록 돕고 있다. 이러한 발전은 디지털 기술과 연구 방법론이 융합되어 학문적 경계를 확장하고 있음을 보여준다.

디지털 기술이 연구 환경을 변화시키는 가운데, 유튜브 연구는 학문적 혁신과 실질적인 사회 기여를 통해 그 잠재력을 확장하고 있다. 유튜브는 그 자체로 디지털 기술과 연구의 융합을 상징하는 플랫폼이다. 유튜브를 중심으로 이루어지는 연구는 콘텐츠 제작자와 시청자 간의 상호작용, 알고리즘에 의해 형성되는 정보 생태계, 이를 둘러싼 사회적 담론을 분석하는 데 독창적인 접근법을 제공한다. 예를 들어, 유튜브의 댓글, 좋아요, 조회 수와 같은 데이터를 활용한 연구는 실시간으로 변화하는 대중의 관심과 의견을 이해할 수 있는 기회를 제공한다. 이는 학문적 탐구를 넘어 사회적 · 경제적 · 정치적 실질적 변화까지 예측하고 대응하는 데 도움을 줄 수 있다.

결론적으로, 유튜브를 포함한 디지털 플랫폼에서 이루어지는 연구는 새로운 데이터를 분석하는 것에서 확장된 기술적 도구와 학문적 방법론의 융합을 통해 현대 사회의 본질을 파악하고자 하는 시도이다. 이러한 연구는 디지털 환경에서 등장하는 새로운 디지털 커뮤니케이션 형태를 이해하고 설명하는 데 핵심적인 역할을 할 뿐만 아니라, 학문적 통찰과 실질적인 사회적 기여를 이루는 중요한 기반이 될 것이다.

이와 동시에 유튜브 연구는 플랫폼이 가진 사회적 책임성과 윤리적 문제를 함께 탐구해야 하는 과제를 안고 있다. 예를 들어, 유튜브의 추천 알고리즘이 특정 담론이나 편향을 강화하는 방식, 허위 정보의 확산, 콘텐츠 제작자의 노동과 경제적 공정성 문제 등은 기술적 분석만으로 해결할 수 없는 복합적인 연구 주제이다. 따라서 미래의 유튜브 연구는 기술적 혁신과 비판적 사회과학적 관점을 결합하여, 플랫폼이 사회와 문화에 미치는 영향을 다각적으로 분석하고 그에 대한 대안을 제시하는 방향으로 나아가야 할 것이다.

2. 디지털 기술을 활용한 유튜브 연구의 새로운 가능성

유튜브 연구와 디지털 기술을 융합하여 다양한 연구로 확장시킬 수 있다. 유튜브 플랫폼은 방대한 양의 사용자 생성 콘텐츠와 실시간 데이터를 제공하며, 디지털 기술과의 결합은 이러한 데이터를 체계적으로 분석하여 연구자들에게 새로운 통찰과 분석 기회를 제공한다.

유튜브와 같은 디지털 플랫폼은 인간 행동과 문화적 표현을 기록하는 거대한 아카이브로써 활용될 수 있다. 디지털 기술은 이 데이터를 정제하고 시각화하며, 패턴과 연관성을 발견할 수 있는 능력을 제공한다. 이는 문화적 다양성, 정치적 참여, 소비자 행동과 같은 주제에서 새로운 통찰을 이끌어 연구자들이 복잡한 사회적 변화를 더 잘 이해할 수 있도록 돕는다. 궁극적으로 유튜브 연구와 디지털 기술의 융합은 학문적 혁신뿐만 아니라 실질적인 사회적 문제 해결에 기여할 수 있는 잠재력을 지니고 있다.

대표적으로 블록체인 기술은 유튜브 연구에 새로운 대안을 제시하고 있다. AI는 데이터의 자동화된 수집과 패턴 분석, 의미적 관계 도출에서 강력한 역할을 하고 유튜브 내 방대한 데이터를 탐색하여 특정 담론이나 트렌드를 도출하는 데 유용하다. 이에 반해 블록체인은 AI가 분석한 데이터를 변경 불가능한 형태로 저장하고 투명성을 제공하며, 데이터 조작이나 왜곡을 방지하는 역할을 한다. 이처럼 블록체인은 유튜브 연구에서 데이터 투명성과 알고리즘 공정성을 보장하는 데 중요한 기술적 대안이 될 수 있다.

블록체인은 AI 분석 결과의 데이터 출처를 투명하게 기록함으로써 추천 알고리즘이 특정 담론을 강화하거나 편향적으로 작동하는 문제를 완화할 수 있다. 이는 데이터 조작 방지와 알고리즘이 사용자 경험에 미치는 영향을 공정하게 평가하고 개선하는 데 도움을 준다. 블록체인은 유튜브의 광고 수익 분배 구조의 투명성을 높이고, 알고리즘의 추천 시스템에 공정성을 더

할 수 있는 가능성을 제시하고 있다. 기존의 중앙화된 플랫폼 모델과 달리 블록체인 기술을 통해 콘텐츠 제작자와 소비자 간 직접적인 상호작용이 가능하여 콘텐츠 소비와 수익 분배가 더 공정하게 이루어질 수 있다. 이러한 맥락에서 블록체인을 기반으로 한 탈중앙화 동영상 플랫폼의 등장은 유튜브와의 비교 연구를 통해 중앙화와 탈중앙화의 사회적 · 경제적 함의를 탐구하는 흥미로운 연구 방향을 열어줄 수 있는 기술이다.

AI와 블록체인의 결합은 유튜브 연구에서 데이터 분석과 신뢰성 보장이라는 두 가지 과제를 해결하는 데 있어 상호 보완적인 역할을 할 수 있다. AI가 복잡한 데이터를 해석하는 도구라면, 블록체인은 이를 투명하게 기록하고 보존함으로써 결과의 신뢰성을 높이는 역할을 한다. 예를 들어, AI는 유튜브 댓글과 콘텐츠를 분석하여 특정 담론이 형성되는 과정을 추적할 수 있지만, 이러한 분석 결과가 신뢰성을 가지려면 블록체인을 통해 데이터의 출처와 변경 이력을 기록해야 한다. 두 기술의 협력은 유튜브 알고리즘의 추천 방식에서 발생할 수 있는 편향 문제를 개선하고, 콘텐츠 소비와 관련된 공정성을 높이는 데 도움을 준다.

블록체인 기술은 디지털 기술의 발전으로 인한 연구 환경의 변화에 따른 데이터를 신뢰할 수 있는 방식으로 저장하고 검증할 수 있도록 하여 데이터 왜곡 문제를 감소시킬 수 있는 방안이 될 수 있다. 특히 유튜브 알고리즘의 폐쇄적이고 특정 콘텐츠를 우선 노출시키는 공정성의 논란에서 블록체인 기술은 알고리즘의 투명성과 공정성을 높이는 데 도움을 줄 수 있다.

CHAPTER 10 ▶ ⏭

디지털 환경에서 유튜브 연구자의 역할

1. 유튜브 연구의 윤리적 고려

1) 유튜브 연구의 참여자 동의와 딜레마

유튜브 연구에서 윤리적 문제는 기존의 질적, 양적연구와 다른 측면이 있다. 전통적인 연구에서는 설문조사와 인터뷰를 통해 참여자의 동의를 받는 것이 강조되었고, 분석 대상 선정과 자료수집 과정에서 연구참여자의 동의는 필수로 이루어졌다. 그러나 유튜브 연구에서는 모두에게 공개되는 것을 알고 영상을 촬영한 후 게시한 공개된 영상을 연구 대상으로 삼는 것이기 때문에 참여 동의에 대한 기준이 다르게 적용될 여지가 있다.

일부는 모두에게 공개된 영상이므로 연구 자료로 활용하거나 해당 영상의 URL이나 이미지를 논문에 포함하는 것이 문제가 없다고 주장한다. 이들은 특히 유튜브 영상이 인간 대상 연구 윤리 지침과는 다른 차원에서 이해되어야 한다고 본다. 반면, 영상이 공개된 것과 연구에 활용되는 것은 별개의 문제로 영상의 이미지나 URL을 논문에 직접 삽입하는 것은 바람직하지 않다는 의견도 있다.

이처럼 유튜브 연구에서는 전통적인 연구의 윤리적 기준이 적용되기 어려운 경우가 많다. 따라서 유튜브와 같은 디지털 플랫폼에서의 연구는 전통적 연구 윤리와 달리 공개된 정보의 활용 여부와 그 한계에 대한 논의가 필수적이며, 연구참여자 동의의 적용 범위, 민감한 콘텐츠의 연구 활용, 연구자의 사회적 책임과 같은 부분에서 윤리적 기준을 재정립할 필요성이 제기된다. 현재로서는 명확한 지침이 마련되지 못했으므로, 연구자는 유튜브 영상을 대상으로 연구를 수행할 때 사생활 보호와 윤리적 책임을 고려해야 하며, 공공의 이익과 개인의 권리를 균형 있게 다루기 위해 노력해야 한다.

2) 유해 콘텐츠와 연구자의 딜레마

유튜브 영상 분석 중 연구자가 유해하다고 판단되는 장면을 접할 경우, 특히 아동학대와 같은 민감한 콘텐츠를 분석할 때, 제작자의 동의를 구하는 문제는 또 다른 윤리적 고민을 만든다. 예를 들어, 아동학대가 포함된 영상을 연구 대상으로 삼는다고 하면 영상 제작자는 연구 활용에 반대할 가능성이 크다. 그러나 디지털 환경에서 유해 콘텐츠가 가지는 사회적 영향을 조명하고 제도적 개입의 필요성을 제기하기 위해 연구를 중단할 수 없는 상황도 존재한다.

이와 같은 딜레마에 직면한 연구자들은 정보의 비식별화, 즉, URL이나 출연자의 특정 정보를 블러 처리하는 방법으로 윤리적 문제를 최소화할 수 있다. 혹은 민감한 영상의 직접적 삽입을 피하고 텍스트로 요약하거나 통계적 수치로 표현하여 민감한 콘텐츠를 제한적으로 사용할 수 있다. 연구 목적이 사회적 유익성을 가지며, 디지털 플랫폼에서의 유해성 문제를 공론화하는 데 기여한다는 점을 명확히 하여 사회적 가치를 강조하는 방법도 있다.

Tip 연구자의 사회적 책임과 윤리적 의무

연구자가 유튜브 영상 연구 과정에서 폭력적이거나 유해한 장면을 발견한 경우, 연구는 해당 영상을 그대로 분석하는 것만이 아니라 사회적 책임과 윤리적 의무를 고려해야 한다. 이럴 때 연구자는 유튜브의 신고 기능을 적극 활용해 해당 영상의 유해성, 선정성, 폭력성을 즉각 신고하여 플랫폼 운영팀이 적절한 조치를 취할 수 있도록 해야 한다. 신고는 연구자의 윤리적 책임을 다하는 행위이며 사회적 안전과 공공의 이익을 우선하는 연구자의 의무이기도 하다.

2. 디지털 기술 융합 연구에서 유튜브 연구자의 역할

1) 유튜브 연구자의 AI 활용 한계 인식

최근 AI 기술이 급속도로 발전하면서 유튜브 연구의 효율성을 높이고 있다. 하지만 여전히 유튜브 연구는 연구자의 분석 과정을 필요로 한다. 지난 30년간 코딩은 질적 데이터 분석에서 핵심적인 방법이었다. 그러나 AI는 분석 대상에 대해 개념을 넓게 제시한 후 이를 구체화하는 방식으로 접근하며, 이 방식은 기존의 인간 중심 코딩 방식과 순서가 반대여서 연구의 귀납적 접근과 맞지 않는 부분이 있다. 즉, 유튜브 연구자가 AI에만 의존할 경우 데이터 해석에서 한계가 발생할 수 있다.

정성적 데이터 분석에서 인간의 능력과 ChatGPT의 능력을 비교한 Morgan(2023)의 연구에 따르면, ChatGPT가 데이터의 기본 개념을 찾는 데는 도움을 줄 수 있지만, 코딩 중심의 분석에 지나치게 의존하는 경향이 있어 해석적 분석에는 여전히 부족함이 있음을 확인했다. ChatGPT는 어떤 영상을 분석해야 하고, 영상 내 어떤 요소를 다뤄야 하는지에 대한 통찰이나 시사점을 제공하지 못했다.

유튜브 아동학대 검출 알고리즘 개발 연구는(강희주, 2023) AI와 인간 연구 간 상호 보완의 필요성을 확인한 사례 중 하나이다. 이 연구는 AI 알고리즘이 아동학대 관련 영상을 높은 민감도로 검출했으나 특이도가 낮아 비학대 영상을 학대로 잘못 판단할 가능성을 드러냈다. 이를 통해 인간 연구자의 직접적인 모니터링과 종합적 판단이 필요함을 확인했다. 특히, AI는 아동의 권리 침해와 같은 맥락적 요인을 고려하지 못하기 때문에, 연구자는 디지털 환경에서 아동의 권리 보장 문제를 추가로 탐색할 수 있었다.

강희주. (2023). 디지털 환경 내 아동학대 발견을 위한 알고리즘 개발.

따라서 유튜브에서 AI를 활용할 경우, AI와 인간 연구의 비교를 중심으로 연구 방법론을 정교화해야 한다. AI는 인간 연구자의 창의적이고 비판적인 사고를 돕는 동반자로 활용될 때 더 큰 연구적 성과를 창출할 수 있으므로, 연구자는 AI의 한계를 인식하고, 이를 보완하는 통합적 접근 방식을 지속적으로 탐구해야 한다.

AI와 인간 연구를 비교하는 것은 연구 방법론을 발전시키고 결과의 신뢰성을 높이는 데 중요한 주제로, AI와 인간이 각기 다른 영역에서 지닌 강점과 한계를 상호 보완적으로 이해할 수 있게 한다. AI는 대규모 데이터를 효율적으로 처리하고 패턴을 발견하는 데 탁월한 능력을 보이지만 데이터가 놓인 맥락을 깊이 있게 이해하거나 복잡한 윤리적 판단을 내리는 데는 한계가 있다. 반면, 연구자는 데이터의 해석적 깊이를 더하고 윤리적 기준과 사회적 맥락을 통합적으로 고려할 수 있는 능력을 갖추고 있다.

따라서 이러한 AI와 연구자 연구 결과의 비교를 통한 AI와 인간 연구의 협업방안의 도출은 여러 방면에서 의미 있는 성과를 창출할 수 있다. AI와 인간 연구자의 분석 결과를 비교함으로써 AI 알고리즘의 성능을 보다 정확히 평가하고 부족한 부분을 보완할 수 있다. 또한, AI 연구 과정에서 발생할 수 있는 윤리적 한계를 탐구하고 이를 해결하기 위한 새로운 윤리적 기준을 수립함으로써 연구 전반의 신뢰성을 높일 수 있다. 마지막으로, AI와 인간의 협력 가능성을 최적화할 수 있는 새로운 융합적 연구 방법론을 개발하여 연구의 효율성과 깊이를 동시에 달성할 수 있다. 이를 통해 연구자는 AI를 단순히 도구로 활용하는 차원을 넘어 유튜브 연구자의 창의적 사고와 비판적 접근을 강화하는 파트너로서 AI의 역할을 재정립할 수 있다.

2) AI 활용 과정에서의 데이터 보안 및 개인 정보 보호 문제 최소화

2022년 ChatGPT가 출시된 이후, 텍스트 데이터 분석에 AI를 활용하는 것에 대한 관심이 빠르게 증가하고 있다. AI는 대규모 데이터 세트를 효율적으로 분석할 수 있으며, 인간 코딩 팀이 소요하는 시간보다 훨씬 짧은 시간 내에 일관된 분석을 수행할 수 있다. 그러나 공개적으로 사용 가능한 생성형 AI 도구는 데이터를 인터넷을 통해 전송하기 때문에, 개인 식별 정보(PII)의 보호와 관련된 표준적인 개인정보보호 요구 사항을 충족하지 못하는 경우가 있다(Kelly, Kelly, & Wilkinson, 2024). 이러한 도구는 데이터가 인터넷을 통해 전송되고 처리되기 때문에, 개인정보보호와 보안의 측면에서 취약점을 가질 수 있다. 이는 벨몬트 보고서의 인간 존중 원칙에 위배될 우려를 낳는다. 따라서 연구자는 참가자에게 그들의 데이터가 인터넷 기반 AI 도구를 통해 수집되고 처리되는 방식에 대해 충분히 설명한 후 동의를 받아야 한다(Child Trends, n.d.).

현 시점에서 연구자들은 민감한 데이터를 인터넷 기반 AI 도구에 업로드하는 대신, 맞춤형 방화벽을 갖춘 LLM 인스턴스(Large Language Model Instance)를 사용하는 것이 권장된다. 예를 들어, 대학은 Microsoft와 같은 기업과 계약하여 ChatGPT의 전용 인스턴스를 운영함으로써 데이터를 안전하게 업로드하고 분석할 수 있다. 이 방법은 개인정보보호와 보안을 유지하면서도 모델의 고급 기능을 활용할 수 있다는 장점이 있지만, 비용이 매우 높다는 단점이 있다.

비용 부담을 덜어주는 대안을 찾고자 한다면, 연구자들은 오픈 소스 도구(예: Meta의 Llama3 모델)를 자체 서버에 다운로드하여 실행할 수 있다. 이러한 방식은 인터넷과의 상호작용 없이 보안 서버에서 실행되므로 완전한 데이터 프라이버시를 보장할 수 있으며, 무료로 사용할 수 있다. 다만, Llama3와 같은 오픈 소스 모델의 소형 버전은 최첨단 모델에 비해 성능이 다소 제한적일 수 있고, 대형 버전은 뛰어난 성능을 제공하지만 상당한 컴퓨팅 자원을 요구한다. 따라서 연구자는 모델의 성능 기준을 신중히 평가하여 연구 목적과 자원에 적합한 선택을 해야 한다.

마지막으로, 맞춤형 LLM 인스턴스나 오픈 소스 모델 활용이 어려운 경우, 연구자들은 전통적인 자연어 처리 기법을 고려할 수 있다. 통계 기반 모델링, 규칙 기반 접근, 또는 기계 학습 기반 기술은 대규모 언어 모델(LLM)에 의존하지 않으면서도 특정 작업을 수행할 수 있다. 특히, 통계적 접근과 규칙 기반 기법은 데이터를 직접 학습하지 않거나 데이터 사용량을 최소화하면서도 효과적인 처리가 가능하다는 점에서 개인정보보호 관점에서 상대적으로 안전하다. 그러나 기계 학습 기반 기술은 데이터를 학습에 활용하기 때문에, 적절한 보안 조치가 필요할 수 있다. 더불어, 전통적인 NLP 기법은 복잡한 문맥 이해나 추론과 같은 고도화된 작업에 한계를 가질 수 있으므로, 연구자는 문제의 요구 사항과 데이터 보호 기준을 모두 충족할 수 있는 방식을 신중히 선택해야 한다(Child Trends, n.d.).

부록 01

체크리스트

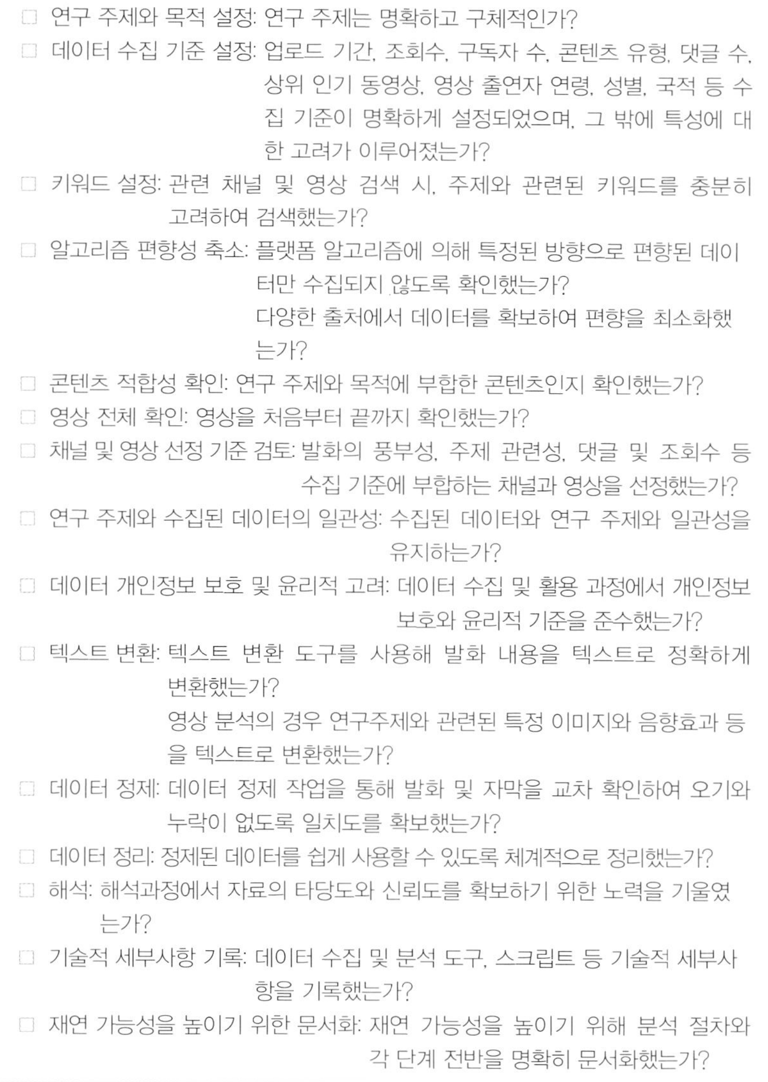

- ☐ 연구 주제와 목적 설정: 연구 주제는 명확하고 구체적인가?
- ☐ 데이터 수집 기준 설정: 업로드 기간, 조회수, 구독자 수, 콘텐츠 유형, 댓글 수, 상위 인기 동영상, 영상 출연자 연령, 성별, 국적 등 수집 기준이 명확하게 설정되었으며, 그 밖에 특성에 대한 고려가 이루어졌는가?
- ☐ 키워드 설정: 관련 채널 및 영상 검색 시, 주제와 관련된 키워드를 충분히 고려하여 검색했는가?
- ☐ 알고리즘 편향성 축소: 플랫폼 알고리즘에 의해 특정된 방향으로 편향된 데이터만 수집되지 않도록 확인했는가?
  다양한 출처에서 데이터를 확보하여 편향을 최소화했는가?
- ☐ 콘텐츠 적합성 확인: 연구 주제와 목적에 부합한 콘텐츠인지 확인했는가?
- ☐ 영상 전체 확인: 영상을 처음부터 끝까지 확인했는가?
- ☐ 채널 및 영상 선정 기준 검토: 발화의 풍부성, 주제 관련성, 댓글 및 조회수 등 수집 기준에 부합하는 채널과 영상을 선정했는가?
- ☐ 연구 주제와 수집된 데이터의 일관성: 수집된 데이터와 연구 주제와 일관성을 유지하는가?
- ☐ 데이터 개인정보 보호 및 윤리적 고려: 데이터 수집 및 활용 과정에서 개인정보 보호와 윤리적 기준을 준수했는가?
- ☐ 텍스트 변환: 텍스트 변환 도구를 사용해 발화 내용을 텍스트로 정확하게 변환했는가?
  영상 분석의 경우 연구주제와 관련된 특정 이미지와 음향효과 등을 텍스트로 변환했는가?
- ☐ 데이터 정제: 데이터 정제 작업을 통해 발화 및 자막을 교차 확인하여 오기와 누락이 없도록 일치도를 확보했는가?
- ☐ 데이터 정리: 정제된 데이터를 쉽게 사용할 수 있도록 체계적으로 정리했는가?
- ☐ 해석: 해석과정에서 자료의 타당도와 신뢰도를 확보하기 위한 노력을 기울였는가?
- ☐ 기술적 세부사항 기록: 데이터 수집 및 분석 도구, 스크립트 등 기술적 세부사항을 기록했는가?
- ☐ 재연 가능성을 높이기 위한 문서화: 재연 가능성을 높이기 위해 분석 절차와 각 단계 전반을 명확히 문서화했는가?

부록 02

디지털 환경 연구 사례

▶ 밈 연구

- 우지혜, 변혁. (2021). 핑크의 놀이 존재론을 통한 인터넷 밈 연구 – SNS 상의 챌린지 콘텐츠 사례 분석을 중심으로.
- 최주호, 윤기헌. (2024). 개그 웹툰의 인터넷 밈 연구 〈이말년씨리즈〉를 중심으로
- 최순옥, 최성인, 이재현, (2020). 유튜브에서의 뮤직비디오 팬덤 분석: BTS M/V의 시청, 댓글 상호작용, 밈 영상 제작.
- Knobel, M., & Lankshear, C. (2006). Memes and affinity spaces: Some implications for policy and digital divides in education.
- Norstrom, R., & Sarna, P. (2021). Internet memes in COVID–19 lockdown times in Poland.
- Shifman, L. (2015). The cultural logic of photo–based meme genres. Journal of Computer–Mediated Communication.
- Siuda, P., Nowak, J., & Gehl, R. W. (2023). Darknet imaginaries in Internet memes: The discursive malleability of the cultural status of digital technologies.

▶ 이모지 연구

- Alhendi, N., Baniamer, A., Alsalamat, N., Salameh, M., & Alanazi, H. (2024). Emoji crimes on social media applications.
- De, P., & Bakhshi, M. (2024). Managing uncertainties in technology–mediated communication: A qualitative study of business students' perception of emoji/emoticon usage in a business context.
- Docrat, Z, Kaschula, RH. (2024) Approaches to interpreting emojis as evidence in South African courts: a forensic linguistic perspective.
- Orazi, D. C., Ranjan, B., & Cheng, Y. (2023). Non–face emojis in digital marketing: Effects, contingencies, and strategic recommendations. Journal of the Academy of Marketing Science, 51(3), 570–597. https://doi.org/10.1007/s11747–023–00917–3

▶ **인스타그램 연구**

- 강진아. (2024). 영유아 학부모 "교육열" 형성에 대한 질적 사례연구: "인스타그램" 중심 "책육아" 현상에 대한 행위자-네트워크 분석.
- 공연화, 김수정. (2024). 페미니즘에서 '야망 담론'은 무엇을 의미하는가?: 인스타그램 '#야망전시' 게시물 분석을 중심으로.
- 나정희, 이우철. (2023). 탑 인플루언서는 과연 무엇이 다른가? : 1인 마켓 인스타그램 내용분석 및 텍스트 마이닝.
- 이문기, 우위항. (2024). 소셜 미디어 앱 리뷰에서의 감성 분석 연구: 인스타그램 중심으로.

참고문헌

강은경, 양선욱, 권지윤, 양성병. (2022). 유튜브 데이터를 활용한 20대 대선 여론분석. 지능정보연구, 28(3), 161-183.

강진아. (2024). 영유아 학부모 "교육열" 형성에 대한 질적 사례연구: "인스타그램" 중심 "책육아" 현상에 대한 행위자-네트워크 분석. 한국교육학회, 62(2), 127-164.

강희주 (2023). 디지털 환경 내 아동학대 발견을 위한 알고리즘 개발. 이화여자대학교 박사학위 논문.

강희주, 성윤희, 이연지, 이경은, 정익중(2022). 아동학대 사건 집행유예 판결문에 대한 내용분석. 형사정책연구 131(0), 145-177.

강희주, 안선경, 안영미, 김아름, 정익중 (2023). 판결문을 통해 살펴본 영아유기 및 영아살해 특성 비교. 입법과 정책, 15(3), 81-110.

강희주, 유안나, 김재연, 정익중 (2021). 유튜브 출연 아동의 놀이권 보장 현황. 아동과 권리, 25(4), 657-681.

강희주, 이진혁, 정익중 (2024). 대한민국 역대 대통령 어린이날 기념 연설문 분석. 아동과 권리, 28(3), 219-243.

강희주, 정익중 (2020). 아동 출연 유튜브에 나타난 아동학대 현황. 아동과 권리, 24(4), 585-613.

공연화, 김수정. (2024). 페미니즘에서 '야망 담론'은 무엇을 의미하는가?: 인스타그램 '#야망전시' 게시물 분석을 중심으로. 한국여성학, 40(1), 143-182.

권상미. (2023). 소셜 미디어 상에서의 통역사에 대한 인식과 통역 콘텐츠 분석: 유튜브(Youtube)의 비정형 데이터를 이용한 텍스트 마이닝 분석과 질적 사례연구. 통역과 번역, 25(1), 1-26.

김경식. (2023). 유튜브 빅데이터를 활용한 아웃도어스포츠 트렌드 분석. 한국융합과학회지, 12(4), 57-74.

김미옥, 최혜지, 정익중, 민소영 (2017). 사회복지실천의 미래 사람과 사람. 한국사회복지학, 69(4).

김인숙 (2016). 사회복지연구에서 질적방법과 분석. 제7장. 질적연구에서 표본의 선택과 설계. 195-212. 서울: 집문당.

김지혜. (2024). ChatGPT를 활용한 시각장애인 복지서비스 정보 접근성 탐색. 장애인복지연구, 15(1), 126-152.

김지혜. (2024). 중도 시각장애인의 유튜브 동영상에 나타난 장애수용과 장애개방 경험. 이화여자대학교 박사학위논문.

김지혜, 정익중, 김재연. (2024). 시각장애인의 장애수용에 관한 질적연구: 유튜브 동영상을 중심으로. 시각장애연구, 40(2), 101-128.

나은영, 유영림. (2023). 다문화가정 여성과 자녀의 유튜브에 대한 인식 및 활용 경험에 대한 이해: 생애사 이야기식 접근으로. 사례관리연구, 14(2), 113-139.

나정희, 이우철. (2023). 탑 인플루언서는 과연 무엇이 다른가? : 1인 마켓 인스타그램 내용분석 및 텍스트 마이닝 . 광고PR실학연구, 16(1), 64-96.

류지영. (2023). 유튜브 네이티브 광고효과에 영향을 미치는 요인에 관한 연구 : 시청동기와 유튜브 인플루언서의 콘텐츠 적합성을 중심으로 . 광고PR실학연구, 16(2), 76-105.

박변갑. (2023). 'AI이미지' 담론에 대한 질적 연구-유튜브 동영상 댓글의 비판적 담론 분석을 중심으로. 문화와 융합, 45(9), 779-791.

박상리, 양희린, 최민영, 하민주, 정경태, 구명완. (2020). KoBERT 모델을 이용한 YouTube 댓글 분석. 한국정보과학회 학술발표논문집, 1385-1387.

박상언, 강주영, 정석찬. (2022). 파이썬 텍스트 마이닝 완벽 가이드. 위키북스.

박유선, 이지현. (2020). 주제 분석 방법 (Thematic Analysis)을 통한 Z세대 여성 유튜브 뷰티 동영상 경험분석에 관한 연구. Journal of Integrated

Design Research (JIDR), 19(2), 89–104.
박태정. (2023). LDA 토픽모델링을 활용한 역대 대통령 취임사에 내재된 정책기조 분석. 미래사회, 14(5), 72–86.
백민제. (2021). 어린이가 출연하는 유튜브 콘텐츠 보호에 대한 연구: 유튜브 키즈 콘텐츠와 키즈 유튜버를 중심으로. 연기예술연구, 23(3), 247–264.
우지혜, 변혁. (2021). 핑크의 놀이 존재론을 통한 인터넷 밈 연구 – SNS 상의 챌린지 콘텐츠 사례 분석을 중심으로. 한국영상학회 논문집, 19(6), 33–44.
유진희, 김치호. (2024). 방송사업자들의 유튜브 개설 추이 분석을 통한 방송과 유튜브 간 미디어 경쟁에 대한 탐색적 연구. 인문콘텐츠, –(72), 267–300.
윤민우. (2024). 북한의 인지전으로서 유튜브 사이버 프로파간다 내러티브 분석: 내러티브 구성적 접근분석기법을 적용하여. 한국범죄심리연구, 20(1), 51–68.
윤영민. (2019). 미디어 내용분석 입문. 서울: 커뮤니케이션북스.
이문기, 우위항. (2024). 소셜 미디어 앱 리뷰에서의 감성 분석 연구: 인스타그램 중심으로. 감성과학, 27(1), 69–80.
이상호. (2005). 내용분석법을 적용한행정학연구논문의비판적검토. 한국행정학회학술발표논문집, 2005, 29–43.
이승환. (2023). 생성형 AI가 출판 환경에 미치는 영향에 관한 연구. 한국출판학연구, 49(2), 83–109.
이윤경. (2023). 국립현대무용단에 관한 유튜브 콘텐츠 댓글 분석. 한국체육학회지, 62(4), 43–52.
정유인, 이주호, 김새난슬, 강연아. (2020). 음성 인터페이스에서의 음악 서비스 사용행태 및 인터랙션에 관한 탐색적연구 : 유튜브 영상 분석을 기반으로. 디자인학연구, 33(1), 165–176.
정정숙, 조원일. (2021). 유튜브(YouTube)에 나타난 성인 ADHD 당사자의 인식 분석- Mad Studies 관점을 중심으로. 발달장애연구, 25(2), 113–135.

정채령, 가정혜. (2022). 여행 유튜브 콘텐츠 속성이 이용자의 정보 만족, 관광지 태도와 방문 의도에 미치는 영향. 관광학연구, 46(2), 63–87.

최민영, 김찬동, 방소미, 정혜승, 주이시, 김성태. (2024). 유튜브를 활용한 정당 및 국회의원의 선거 캠페인 연구: 2024년 제 22대 국회의원 총선을 중심으로. 정치커뮤니케이션 연구, 0(74), 107–154.

최순욱, 최성인, 이재현. (2020). 유튜브에서의 뮤직비디오 팬덤 분석: BTS M/V 의 시청, 댓글 상호작용, 밈 영상 제작. 한국언론학보, 64(1), 7–45.

최주호, 윤기헌. (2024). 개그 웹툰의 인터넷 밈 연구 〈이말년씨리즈〉를 중심으로. 애니메이션연구, 20(3), 258–277.

한정훈. (2021). 유튜브 정치채널 시청의 결정요인과 표본선택편향. 한국정치학회보, 55(5), 93–118.

한정훈. (2023). 생성형 AI 시대의 개막. 미디어 이슈 & 트렌드, (55), 6–17.

Alhendi, N., Baniamer, A., Alsalamat, N., Salameh, M., & Alanazi, H. (2024). Emoji crimes on social media applications.

Attride–Stirling J. (2001). Thematic networks: An analytic tool for qualitative research. Qualitative Research, 1(3), 385–405. https://doi.org/10.1177/146879410100100307

Bingham, A. J. (2023). From data management to actionable findings: A five–phase process of qualitative data analysis. International Journal of Qualitative Methods. https://doi.org/10.1177/16094069231183620

Boyd, D. M., & Ellison, N. B. (2008). Social network sites: Definition, history, and scholarship. Journal of Computer–Mediated Communication, 13(1), 210–230. https://doi.org/10.1111/j.1083-6101.2007.00393.x

Child Trends. (n.d.). Securely analyzing qualitative data with artificial intelligence. https://www.childtrends.org/publications/securely–

analyzing-qualitative-data-artificial-intelligence#_ftn1

Creswell, J. W. (2016). 30 essential skills for the qualitative researcher. Sage (Atlanta, Ga.).

De, P., & Bakhshi, M. (2024). Managing uncertainties in technology-mediated communication: A qualitative study of business students' perception of emoji/emoticon usage in a business context. IEEE Transactions on Professional Communication, 67(2), 211-228. https://doi.org/10.1109/TPC.2024.1234567

Docrat, Z, Kaschula, RH. (2024) Approaches to interpreting emojis as evidence in South African courts: a forensic linguistic perspective. SOUTH AFRICAN JOURNAL OF AFRICAN LANGUAGES. Volume.44, Issue 2, Page180-187.

Feng G. C. (2013). Factors affecting intercoder reliability: A Monte Carlo experiment. Quality & Quantity, 47, 2959-2982. https://doi.org/10.1007/s11135-012-9745-9

Fereday J., Muir-Cochrane E. (2006). Demonstrating rigor using thematic analysis: A hybrid approach of inductive and deductive coding and theme development. International Journal of Qualitative Research, 5(1), 80-92. https://doi.org/10.1177/160940690600500107

Ferreira, M. R., & Agante, L. (2020). The use of algorithms to target children while advertising on YouTube Kids platform: A reflection and analysis of the existing regulation. International Journal of Marketing, Communication and New Media, 8, 29-53.

Fleming-Milici, F., Phaneuf, L., & Harris, J. (2023). Prevalence of food and beverage brands in 'made-for-kids' child-influencer YouTube videos: 2019-2020. Pediatric Obesity, 18 (4), e13008. https://doi.org/10.1111/ijpo.13008

Hallgren K. A. (2012). Computing inter-rater reliability for observaional data: An overview and tutorial. Tutorials in Quantitative Methods for Psychology, 8, 23–34.

Holsti, O. R. (1969). Content analysis for the social sciences and humanities. Reading, MA: Addison-Wesley (content analysis).

Jackson A. Y., Mazzei L. A. (2012). Thinking with theory in qualitative research: Viewing data across multiple perspectives. Routledge.

Jenkins, H. (2006). Convergence culture: Where old and new media collide. New York University Press.

Kang, H., Yoon, S., & Chung, I. (Accepted). Content analysis of child abuse risks in YouTube Mukbang videos. Journal of the Society for Social Work and Research. https://doi.org/10.1086/734128

Kelley, S., Kelley, C., Solomon, B., & Wilkinson, A. (2025). Securely analyzing qualitative data with artificial intelligence. Child Trends.

Knobel, M., & Lankshear, C. (2006). Memes and affinity spaces: Some implications for policy and digital divides in education. E-Learning and Digital Media, 3(3), 411–427. https://doi.org/10.2304/elea.2006.3.3.411

Krippendorff, K. (2018). Content analysis: An introduction to its methodology. Sage publications.

Lamba N., Van Tonder A., Raghavan A. (2022). Unpacking qualitative methodology to explore experiences of mothers with children with autism spectrum disorder in the UAE: A thematic analysis inquiry. International Journal of Qualitative Methods, 21(1), 16094069221110295. https://doi.org/10.1177/16094069221110295

Levina, N., & Arriaga, M. (2014). Distinction and status production on user-generated content platforms: Using Bourdieu's theory of cultural production to understand social dynamics in online fields. Information Systems Research, 25(3), 468–488. https://doi.org/10.1287/isre.2014.0535

Lund, B. D., & Wang, T. (2023). Chatting about ChatGPT: how may AI and GPT impact academia and libraries?. Library hi tech news, 40(3), 26–29.

Madden, A., Ruthven, I., & McMenemy, D. (2013). A classification scheme for content analyses of YouTube video comments. Journal of documentation, 69(5), 693–714. https://doi.org/10.1108/JD-06-2012-0078

Miles M. B., Huberman A. M. (1994). Qualitative data analysis: An expanded sourcebook. Sage.

Morgan, D. L. (2023). Exploring the Use of Artificial Intelligence for Qualitative Data Analysis: The Case of ChatGPT. International Journal of Qualitative Methods, 22. https://doi.org/10.1177/16094069231211248

Morse J. M., Mitcham C. (2002). Exploring qualitatively-derived concepts: Inductive-deductive pitfalls. International Journal of Qualitative Methods, 1(4), https://doi.org/10.1177/160940690200100404

Naeem, M., Ozuem, W., Howell, K., & Ranfagni, S. (2023). A Step-by-Step Process of Thematic Analysis to Develop a Conceptual Model in Qualitative Research. International Journal of Qualitative Methods, 22. https://doi.org/10.1177/16094069231205789

Norstrom, R., & Sarna, P. (2021). Internet memes in COVID-19 lockdown times in Poland. Comunicar: Media Education Research Journal, 29(67), 69–79. https://doi.org/xx.xxx/yyyy

O'Connor, C., & Joffe, H. (2020). Intercoder Reliability in Qualitative Research: Debates and Practical Guidelines. International Journal of Qualitative Methods, 19. https://doi.org/10.1177/1609406919899220

Orazi, D. C., Ranjan, B., & Cheng, Y. (2023). Non–face emojis in digital marketing: Effects, contingencies, and strategic recommendations. Journal of the Academy of Marketing Science, 51(3), 570–597. https://doi.org/10.1007/s11747-023-00917-3

Padgett, D. K. (1998). Qualitative methods in social work research: Challenges and rewards. Sage Publications.

Poushneh, A. (2021). Humanizing voice assistant: The impact of voice assistant personality on consumers' attitudes and behaviors. Journal of Retailing and Consumer Services, 58, 102283.

Ravitch S. M., Carl N. M. (2019). Qualitative Research: Bridging the conceptual, theoretical, and methodological. Sage Publications.

Riffe, D., Lacy, S., & Fico, F.G. (2005). Analyzing media messages: Using quantitative content analysis in research(2nd ed.). New York: Routledge.

Ritchie, J., & Lewis, J. (2003). Qualitative Research Practice—A Guide for Social Science Students and Researchers. London, Thousand Oaks, CA: Sage Publications Ltd.

Sangeorzan, I., Andriopoulou, P., & Livanou, M. (2019). Exploring the experiences of people vlogging about severe mental illness on YouTube: An interpretative phenomenological analysis.

Saldana J. M. (2016). The coding manual for qualitative researchers (4rd ed.). Sage Publications.

Scriven, M. (1991). Prose and Cons about Goal–Free Evaluation. Evaluation Practice, 12(1), 55–62. https://doi.org/10.1177/109821409101200108

Shifman, L. (2015). The cultural logic of photo–based meme genres. Journal of Computer–Mediated Communication, 20(4), 417–433. https://doi.org/10.1111/jcc4.12116

Shoemaker, P. J., Tankard, J., & Lasorsa, D. L. (2004). Theoretical concepts: The building blocks of theory. How to Build Social Science Theories. SAGE Publications, Inc., Los Angeles, CA, 15–36.

Simone, V. D. H., Verdoodt, V., & Leiser, D. M. (2019). Child labour and online protection in a world of influencers. SSRN Electronic Journal. https://ssrn.com/abstract=3458379

Siuda, P., Nowak, J., & Gehl, R. W. (2023). Darknet imaginaries in Internet memes: The discursive malleability of the cultural status of digital technologies. Journal of Computer-Mediated Communication, 28(1), 1–14. https://doi.org/10.1093/jcmc/zmac023

Stemler, S. E. (2015). Content analysis. Emerging trends in the social and behavioral sciences: An Interdisciplinary, Searchable, and Linkable Resource, 1–14.

Thomas D. R. (2006). A general inductive approach for analyzing qualitative evaluation data. American Journal of Evaluation, 27(2), 237–246. https://doi.org/10.1177/1098214005283748

Tuckett A. G. (2005). Applying thematic analysis theory to practice: A researcher's experience. Contemporary Nurse, 19(1–2), 75–87. https://doi.org/10.5172/conu.19.1–2.75

Vander, H. S., Verdoot, V., Leiser, M. R. (2019). Child labour and online protection in a world of influencer. https://ssrn.com/abstract=3458379

Weber, R. (1990). Basic content analysis. SAGE Publications, Inc., https://doi.org/10.4135/9781412983488

YouTube Press. (2024). YouTube Usage Statistics 2024.

Zachlod, D., et al. (2022). Analytics of social media data–State of characteristics and application. Journal of Business Research, 139(1), 123–135. https://doi.org/10.1016/j.jbusres.2022.02.014

〈신문기사〉

백승구. (2017. 7. 28.). 유튜브에 업로드 되는 동영상 분량, 하루에 66년치. 월간조선. https://monthly.chosun.com/client/Mdaily/print.asp?Idx=957&Newsnumb=2017071312

이종철. (2024. 6. 5.). "유튜브로 숨 쉬는 '은둔 청년'들...방진이, 지새기, 홍섭이 등". 시민의 소리. https://www.siminsori.com/news/articleView.html?idxno=266338에서 인출

이혜인. (2020. 9. 11.). "집에 갇혀 있던 장애인, 유튜브를 통해 세상 밖으로 나오다". 한국일보. https://www.hankookilbo.com/News/Read/A2020090622060005527에서 인출

홍국기. (2024. 3. 4.). "한국인 1인당 유튜브 월평균 사용 40시간 돌파". 연합뉴스. https://www.yna.co.kr/view/AKR20240304019800017에서 2024년 10월 23일 인출.

〈인터넷 사이트〉

아동권리보장원 (2024). 아동학대 예방 및 보호 https://www.ncrc.or.kr/ncrc/cm/cntnts/cntntsView.do?mi=1030&cntntsId=1031에서 인출

Google for Developer 홈페이지. (n.d.).)YouTube Data API 가이드. https://developers.google.com/youtube/v3/getting-started?hl=ko#supported-operations에서 인출

YouTube 고객센터 홈페이지. (n.d.). YouTube의 인기 급상승 동영상. https://support.google.com/youtube/answer/7239739?hl=ko에서 인출

색인

저자 약력

정익중(Ick-Joong Chung)

University of Washington, School of Social Work, Ph.D.

현 이화여자대학교 사회복지학과 교수

현 아동권리보장원 제2대 원장

현 대통령 직속 저출산 · 고령사회위원회 위원현 국무총리 소속 사회보장위원회 위원

『아동복지론』(공저), 『청소년복지론』(공저), 『사회조사론』(공저), 『실종아동의 이해』(공저), 『지역아동센터의 이해와 실제』(공저), 『아동청소년 방과후 서비스의 현황과 과제』(공저), 『빈곤아동과 삶의 질』(공저) 등을 포함하여 아동 · 청소년 연구 다수 수행

(e-mail) ichung@ewha.ac.kr

강희주(Hee-Ju Kang)

이화여자대학교 사회복지학 박사

현 이화여자대학교 사회복지학과 박사후연구원

현 이화여자대학교, 강서대학교 사회복지학과 강사

〈연구〉 AI를 활용한 디지털 환경 내 아동학대 발견 및 대응, 유튜브 출연아동 아동학대 및 권리침해 현황, 아동양육시설 거주경험 및 소규모화 시범사업 연구, 아동기본법 제정 연구 등 국내 아동보호 체계와 아동권리 향상을 위한 연구 수행.

(e-mail) deresa@ewha.ac.kr

김재연(Jaeyeon Kim)

이화여자대학교 사회복지학과 박사과정 수료

현 유한대학교 사회서비스학과, 서원대학교 아동복지학과 강사

〈연구〉 유튜브 출연 아동 및 장애인 유튜버 연구, 정신장애인 지역사회 지원 연구, 장애인권리보장법 제정 및 장애영향평가 운영 방안 연구 등 장애인 정책 관련 연구, 한국과 일본의 장애인 법률 및 지원체계 비교 연구 등 장애인 · 아동 대상 연구 수행

(e-mail) agnas413@gmail.com

김지혜(Ji-Hye Kim)

이화여자대학교 사회복지학 박사

현 이화사회과학원 비상임연구원

현 가천대학교 사회정책대학원 사회복지학과 강사

〈연구〉 장애인 유튜브 분석, ChatGPT를 활용한 복지서비스 접근성 연구, 장애인 권리 및 발달장애인 형사절차 연구, 시각장애아동 중재 프로그램 및 가족 복지서비스, 발달장애인 직무 적응 및 돌봄 서비스 연구, 발달장애인 돌봄 종사자 연구 등 장애 및 복지 관련 연구 수행

(e-mail) solmi53@hanmail.net

누구나 쉽게 시작하는

유튜브 연구방법론

초판발행 2025년 2월 28일

지은이 정익중 · 강희주 · 김재연 · 김지혜
펴낸이 노 현

편 집 배근하
기획/마케팅 이선경
표지디자인 BEN STORY
제 작 고철민 · 김원표

펴낸곳 ㈜ 피와이메이트
서울특별시 금천구 가산디지털2로 53, 210호(가산동, 한라시그마밸리)
등록 2014. 2. 12. 제2018-000080호
전 화 02)733-6771
f a x 02)736-4818
e-mail pys@pybook.co.kr
homepage www.pybook.co.kr
ISBN 979-11-7279-095-0 93330

정 가 17,000원